守望者

—

到灯塔去

Practices
of
Selfhood

Zygmunt Bauman
Rein Raud

自我

与齐格蒙特·鲍曼对谈

〔英〕齐格蒙特·鲍曼 〔爱沙尼亚〕瑞恩·罗德 著

南京大学出版社

江苏省版权局著作权合同登记　图字：10 - 2023 - 254 号

**图书在版编目（CIP）数据**

自我：与齐格蒙特·鲍曼对谈 ／（英）齐格蒙特·鲍曼，（爱沙）瑞恩·罗德著；张德旭译. -- 南京：南京大学出版社，2024. 9.（2025. 3 重印）-- ISBN 978 - 7 - 305 - 28207 - 2

Ⅰ. C91 - 095.61

中国国家版本馆 CIP 数据核字第 2024L6G662 号

出版发行　南京大学出版社

社　　　址　南京市汉口路 22 号　　　　邮　　编 210093

*ZIWO: YU QIGEMENGTE BAOMAN DUITAN*

书　　　名　自我：与齐格蒙特·鲍曼对谈

著　　　者　［英］齐格蒙特·鲍曼　　［爱沙尼亚］瑞恩·罗德

译　　　者　张德旭

责任编辑　章昕颖

照　　　排　南京紫藤制版印务中心

印　　　刷　江苏凤凰通达印刷有限公司

开　　　本　787 mm×1092 mm　1/32　印张 9.375　字数 180 千

版　　　次　2024 年 9 月第 1 版　2025 年 3 月第 3 次印刷

ISBN 978 - 7 - 305 - 28207 - 2

定　　　价　72.00 元

网　　　址　http://www.njupco.com

官方微博　http://weibo.com/njupco

官方微信　njupress

销售咨询　025 - 83594756

"我们是谁？我们渴望什么？"

# 目录

# 序　言

　　本书的构思缘起于我们在塔林大学[1]参加的冬季学校。在那次冬校中，齐格蒙特是讲座嘉宾，瑞恩是课程委员会的负责人。冬校安排的活动之一，是我们两人面向公众展开讨论，话题涉及本书所探讨的诸多内容。那次谈话只给了一小时，时间分配上显然远远不够，因此我们在晚餐时继续讨论，甚至在冬校结束后，我们依然在通信中交流想法。于是很快，一个条理清晰的形状凸显出来，并沿着一个核心概念，把我们两人都觉得兴味盎然的种种想法串联起来。这个核心概念就是"自我"（selfhood）。我们认为，自我这一概念

---

[1] 塔林大学（Tallinn University）是位于爱沙尼亚首都塔林市中心的一所综合性大学，成立于 2005 年。——译者注（本书脚注若无特殊说明，均为译者注。）

对于任何有关当今世界的讨论都至关重要。

个体如何理解其在这个世界上的位置？我们是否由遗传基因、社会环境和文化偏好所决定——却误以为我们可以自主决定？到底是谁欺骗了我们呢？是同样被外界所决定的同类吗？如果说我们是独立自主的，那么其程度如何？我们是否有足够的自主性来控制和改变命运的遗产？自我是如何出现的？自我在所有人、所有文化、所有时代都遵循相同的发展模式吗？还是说，自我本身就是一种社会文化建构，我们应当将其置于它所处的历史背景下观照？如果是这样，当下正在发生什么，以及自我的模式在当今世界正在发生变化吗？当代技术到底赐予我们更大的自主性，还是说它反而诱使我们放弃我们所拥有的自由？

诸如此类的问题接踵而至。所有引发上述问题的困境，都可以画在同一条轴线上，这条轴线的一端是命运和必然，另一端是选择和自由。这些问题所激发的社会学和心理学研究汗牛充栋，其势头依旧不减，然而能给出明确答案者少之又少，连能给出可靠答案的都"一书难求"。诚然，这不无理由，因为有些问题的重要性，正在于它们所引发的持续对话。这些问题对于"任何有关当今世界的讨论"至关重要，对于人们理解其在世界上被分配（抑或自己赢得）的地位，以及对于人们改变自身命运的能力（或无能为力）的认识，同样至关重要。但无论如何，与环境作斗争的人们渴望得到这些问题的答案。因此，我们觉得有必要重新审视不同地方和文化传统提供的自我理论，勘察它们或令人鼓舞，或令人失望的种种潜力，并时而指出一些尚未充分探索的领域，或试探性地提出一些崭新的、人们尚未涉足却值得一走的道路。不消说，我们深知无法寻获或构想出一锤定音、确定无疑、完全可靠的答案；我们也深知，如此答案的觅而不得，主要原因不在于我们的知识匮乏——这种匮乏往往是暂时性的、可弥补的——而在于我们所栖居的世界之本质，以及我们栖居于世的方式过于人类中心主义。

简而言之，民间智慧认为，知识意味着控制，但这一观点忽略了这样一个事实，即知识的控制力取决于其在多大程度上能够准确预判人类行为所产生的影响；可问题是，我们的世界千变万化，充满不确定性。无论好坏，不确定性都是我们的宿命。从坏的方面来说，不确定性是我们永不枯竭的痛苦之源；从好的方面来说，不确定性是人类荣耀的主因——它激发了我们的创造力，使我们有能力去不断超越其对人类潜能的限制。

诺贝尔奖得主伊利亚·普里高津[1]的研究，为我们提供了看待人类境况的新视角。普里高津不仅是一位伟大的自然科学家，也是一位伟大的科学哲学家，他曾提醒我们："很明显，当鱼类爬上陆地时，并非所有的鱼类都爬上了陆地；当猴子变成人类时，并非所有的猴子都变成了人类。"[1]他在此传达的真义，以最佳的浓缩形式概括了"确定性的终结"所引发的世界观，及其对现代科学的影响。

---

[ 1 ]　伊利亚·普里高津（Ilya Prigogine，1917—2003），出生于莫斯科的犹太人家庭，比利时化学家、物理学家，1977 年诺贝尔化学奖得主，耗散结构理论奠基人。

"古典科学[1]强调秩序和稳定；而如今，在所有观察层面上，我们看到的则是波动、不稳定、多种选择及有限的可预测性"。[2]根据古典科学，概率是"（无知或信息不充分下的）思维状态，而不是世界的本然状态"。然而，"一旦概率被纳入物理学基本定律的表述中，未来就不再是由现在所决定了"[3]；因此，科学本身不能再声称绝对的确定性，概率也不能被等同于无知。[4]"未来不再是既定不变的"，普里高津总结道，"我们的世界是一个持续'构建'的世界，它受概率法则的支配，不再是一种自动装置。于是，我们从一个'存在'（being）的世界，被引入一个'成为'（becoming）的世界"。[5]换言之，"不确定性"的状态，已经从认识论（对认知的研究）转移到了本体论（对存在的研究）。

长话短说，我们现在终于知晓、理解并相信如下事实：确定性的不可实现，以及未来的无法

---

[1] 古典科学，英文是 classical science，又译"经典科学"，指在现代科学出现之前的科学，主要包括古希腊、古罗马和中世纪的科学知识体系。

准确预测（只能以概率的方式粗略估计），并非知识匮乏的结果，而是因为宇宙过于纷繁复杂。人类的历史和宇宙的历史一样，都需要用"事件"（events）的方式来重新讲述——事件并非不可避免，而是欠定的，可能发生，也可能不发生。让我们重复一下这个需要被认识、被接纳、被永远铭记在心的道理：历史在进入当下（即在它循环至过去的那一刻）之前并不是给定的；相反，正如普里高津所见，人类的历史与任何个人的历史（也就是"传记"）一样，"处于永恒的建构之中"。

皮埃尔-西蒙·拉普拉斯[1]曾经持有一个大胆的——毋宁说，傲慢的——信念："一旦了解事物的初始条件，我们就能计算出它所有的随后状态及先前状态。"6 无论用来谈论人类个体的状态，还是用来谈论宇宙的状态，这种信念都将无以为继。至于人类个体的状态，普里高津引用了卡

---

[ 1 ] 皮埃尔-西蒙·拉普拉斯（Pierre-Simon de Laplace, 1749—1827），法国著名的天文学家和数学家，拉普拉斯变换和拉普拉斯方程的发现者，1773 年当选法国科学院院士。

尔·鲁比诺[1]的一份未发表的手稿："对于作为人类的男人和女人，对于我们，唯有当我们离开此生，通过死亡或成为神，才会实现永恒不变，获得免于变化的自由和绝对的安全，而不必承受生活中令人抓狂的起起落落。"[7]他继而评论道："很幸运，奥德修斯可以在永生和回归人类之间做出选择，要么永远做卡吕普索[2]的情人，要么最终走向衰老和死亡。最后，他选择了时间而不是永恒，选择了人类的命运而不是神的命运。"博尔赫斯是一位极其杰出的文学家和理论家，也是一位研究人类状况的最伟大的哲学家，他平静地接受了这种选择所带来的后果："时间是构成我的物质。时间是一条将我卷走的河，但我就是那条河；时间是一只撕咬我的猛虎，但我就是那只猛虎；时间是一团焚毁我的烈火，但我就是那团烈

---

[1] 卡尔·鲁比诺（Carl Rubino），现为美国汉密尔顿学院古典学系的荣休教授，他与诺奖得主普里高津保持长期的合作关系，共同探讨科学与人文学科的内在联系。

[2] 卡吕普索（Calypso），希腊神话中的海上女神。在荷马的《奥德赛》中，她爱上了归家途中的希腊英雄奥德修斯，求他留在自己身边，并许诺给他永生。

火。世界，很不幸，是真实的；我，很不幸，是博尔赫斯。"[8]

普里高津的科学洞察，以及博尔赫斯的雄辩表述，对于人类的状况有何启示意义？在一个确定性也已被祛魅的世界里，谈论所谓的"自我"是否还有意义？何时何地，我们才不再将严格的框架和精简的程序视为解释一切事物的主要结构模型？从人类自我的整体视野出发，接着考察自我在社会和文化实践中的具体表现，可能的确是一条徒劳无望的阐释路径。无论如何，我们正是沿着这一阐释路径，从一个话题切换到另一个话题，从一个面向转换到另一个面向，从而弄明白自我是如何在社会实践中被整合与分解的——通过语言，通过自我呈现，通过按计划进行的自我实现，乃至通过与其他自我的互动。

为了阐明和剖析上面列出的种种困惑和窘况，我们常常熬夜到凌晨，早上一醒来就查阅电子邮件。信中时而是令人安心的肯定，时而是令人不安的挑衅，两者都使我们重新思考自己的立场，并且向彼此证明，我们认为显而易见的事情原来确实如此——而有时则发现它们并非如此。这正是对话的目的所在。我们把这些对话呈现给你们，亲爱的读者，希望你们和我们一样喜欢它们。

齐格蒙特·鲍曼

瑞恩·罗德

# 出发

自我与时间：我们如何面对
"人终有一死"

**瑞恩·罗德（以下简称罗德）**：在某种意义上，我们或许可以说，现代性的历史也是某种类型的"自我的历史"。所谓自我，即基本理性的个体，其作为独特的人，能掌控自己的行为，并为自己的行为负责；他们不仅能将自己与更大的群体和事业联系起来，也能与其剥离。大多数时候，现代性抱持着一种"科学"真理观，即真理必然是单一的、普遍的、客观的；相应地，它主张人类自我的普遍性，声称要描述人们在整个历史中，在任何地方的存在方式。事实上，自我的观念随着时间的推移而流变，也随着文化类型的差异而呈现不同的样态。我想稍后再来讨论"自我观念的变动不居"这一话题。我们现在可否试着诊断一下，自我在当今世界中的境况？自弗洛伊德和尼采以来，西方思想在摒弃那种单一的、不可割裂的、独立自主和自我控制的个体观念上取得了长足进展——至少理论上如此。然而，在当下的社会实践中，我们对自我的理解似乎仍旧遵循一种相当简化的观念，即个体是政治、经济和文化的主体。我无意在此谈论自我的"危机"，因为这个词近年来被大肆滥用。但，用你提出的"流动的现代性"[1] 这一条件加以审视，我们承袭下来的自我观念既不充分，也不合乎实际，这一点是非常明显的。

**齐格蒙特·鲍曼**（以下简称鲍曼）：我对此没有异议。的确如你所说，"现代性的历史"也是一部"某种类型的自我"的历史。但究竟是哪种类型的自我呢？或者更确切地说，究竟是自我的哪种"存在形态"（existential modality）呢？依我之

---

[1] "流动的现代性"出自鲍曼的《流动的现代性》一书，指的是一种不稳定、不确定、不断流变的临时状态，用来形容当代社会生活的本质。鲍曼注意到，当代社会处于一种不断流动和变化的动荡状况，从人际关系、身份认同到全球经济，莫不如此。在他看来，当代社会与其说是从现代性过渡至后现代性，不如说是从"凝固"（solid）沉重的现代性过渡至"流动"（liquid）轻盈的现代性，后一描述更好地捕捉到当今社会的现实。

见，正是随着现代性的到来，自我的"存在形态"才发生了根本性的变化。

我认为，自我的存在形态经历了三种意义深远的变化，抑或获得了三种崭新的现代品质。首先，自我成为人们关注、审视和沉思的对象。其次，自我是被人感知的实体，但与被人感知的其他实体分离开来，它是主体，后者则成为其感知对象。最后，自我的地位被提升，成为被新诠释出来的主体的主要客体，享有特权。须注意，这三种特性共同定义了"现代自我"。米兰多拉[1]是意大利文艺复兴时期的哲学家，他于 1486 年发表了一份标题炸裂的时代宣言《论人的尊严》，其中融汇了自我的这三种特性，使之注定成为一种自我应验的预言。标题中的"尊严"被解读为一种状态，让人联想到一种非凡且独特的"三合为

---

[1] 乔瓦尼·皮科·德拉·米兰多拉（Giovanni Pico della Miran-
dola，1463—1494），意大利文艺复兴时期的哲学家、人文主义者，因其在 1486 年大胆地提出关于宗教、哲学和魔法的 900 条论纲而名声大噪，那时他仅 23 岁。他的演讲稿《论人的尊严》在新柏拉图主义框架内论证了人类的巨大潜能和人类追求知识的重要性，被视为文艺复兴时期的宣言，以及人本主义的关键文本。

一，以一合三"，即小提琴手、小提琴、听众兼鉴
赏家之间的合并或联合。

第一种崭新的现代品质产生于"自我"的重
铸。借用海德格尔所做的区分，自我从"上手"
（Zuhanden）状态转变为"在手"（Vorhanden）状
态[1]；从一个给定的、明显到不为人所注意、
"隐匿于其显在的光芒中"而无人质问的状态，变
成了一项任务——一个需要仔细审视和深入研究
的挑战，以便人们能充分理解它、应对它、处理
它，并对其采取行动，进行修正和改进。简而言
之，使之彻底、永久、普遍地被人质问。

第二种崭新的品质，在笛卡尔的主客体二元
论中得到了开创性的表达。作为一个能感知、善
思考、有谋划和可行动的主体，"自我"将其以外
的世界，转化为其感知、思考、谋划和行动的被
动客体的集合。笛卡尔的"我思"（cogito）绝不

---

[1] 海德格尔在《存在与时间》中探讨锤子问题时，提出了"上
   手"和"在手"两个概念。当我们挥舞锤子时，锤子作为工具，
   我们只关注它在手头的功效性，这即其上手状态；而当
   锤子不起作用，作为工具的它与人的身体不相称时，我们才
   会意识到锤子本身的存在，这即其在手状态。

仅仅是对新怀疑主义者（neo-Pyrrhonians）的漠视，也绝非只是一种自信的宣言，亦非只是对自我寻求真理的野心的合法化；它还是一种隐晦但坚定的自我加冕行为：将自我置于天地万物之巅，赋予自我以最高法庭和真理首席立法者的双重特权。于是，自我不仅是一位能够忠实描绘世界的艺术家，还有望成为寻求、探索和裁定真理的世界首席工程师。"我思"旨在将"自我"从其存在的不确定性中解放出来，安抚其存在的焦虑，并颠倒了作为认知主体的自我和作为其认知客体的世界之间的主从关系。

第三个新奇之处是自我对其自身的关注、创造、审视和控制。主体本身成为自我的客体，成为自我的认知对象、关照对象、创造性介入的对象。主体扮演着双重角色，它既是事物的最高创造者，同时又是其创造（或再造）的主要客体。当苏格拉底建议他的雅典同胞应该照料他们的灵魂（πνεύμα）[1] 时，他们感到惊讶、困惑、为难、

---

[1] 英文为 pneuma，也译作"精神""元气"。

尴尬，因为他们觉得这是一个自相矛盾的要求——在现代社会，这种矛盾的说法却变成了一个不再受人质疑的生活真理。

古罗马哲人、政治家西塞罗在《图斯库路姆论辩集》一书中借用农业隐喻，创造了"灵魂的耕耘"（cultura animi）这一概念。18世纪的最后25年里，西塞罗的"灵魂的耕耘"观念在法国复兴，并与英语的"教养"（refinement）和德语的"教化"（Bildung）一道，进入现代语言核心词库，成为经典词汇。人们将之等同于现代意义的"文化"，却遗忘了其隐喻起源。这个概念所传达的信息是天工的不完整性：人类并非生而为人，而是在不断的自我塑造、自我肯定和自我完善的努力中成为人的——所有这些努力都是在他们出生时所进入的人类社会的指引、帮助和恩惠下完成的。

**罗　德**：我想再补充一个，赋予现代自我第四个特征——它与时间的关系。中世纪的自我，似乎只能在永恒的背景下投射自身，通过思考不朽灵魂的命运来引导自己。尽管现代自我没有立即放弃这些考量，但它已经开始在一个全然不同的时间框架下运作了。我们或可将之与电影相对照：当镜头的焦点从背景转移到前景中的朦胧物体时，我们开始清晰地看到它，但背景会逐渐淡出。或者，用另一个更恰当的比喻：快门的速度改变了。在一幅描绘圣徒生活的中世纪绘画中，我们发现，在不同的地方看到同一个人是再自然不过的事情，因为这幅画表现的是他的一生，后者与永恒相比，只是弹指一挥间。而文艺复兴以来的现代绘画则不同，它能够在瞬间的场景中捕捉到行动者。毫无疑问，如果限定人类存在的坐标从永恒变为更短的尺度，譬如一个人的寿命，那么自我就变得更加重要，人的一生中发生的事也会获得更大权重。但这也增加了个体的责任，并使人类具有尊严的理想成为可能——或使教化成为可能。中世纪的理想生活是模仿：重复或扮演一个预先存在的典范，类似于托马斯·肯皮斯[1]的《遵主圣

---

[1] 托马斯·肯皮斯（Thomas à Kempis, 1380—1471），又译"耿稗思""金碧士"，中世纪晚期的基督教神学家，著有《遵主圣范》（Imitation of Christ，又译《师主篇》），被认为是基督教文学中影响力仅次于《圣经》的作品。

范》（约出版于 1427 年）；时至现代（文艺复兴时期），自我形塑（self-formation）逐渐成为人类个体的责任，它不可复制且完全自主。即使今天人类自我的构建方式已然改变，但这种情况至今一直持续。我想，这是自由的必然结果。当然，前提是我们把自由看作一个人在社会中的存在状态，而不仅仅是一个人头脑中的观念。

**鲍　曼**："当我想到我短暂的生命被亘古亘今、无始无终的永恒吞噬——生命之短暂，'宛如投宿一日的旅客即行消逝的记忆'，当我看到我所占据的狭小空间被我一无所知、亦对我一无所知的无垠空间吞噬，我意识到自己存在于此时此地而非彼时彼地，这既让我惊恐万分，又让我惊奇不已。"[1]

伟大的帕斯卡尔代表他同时代的人，如此诉说道。他还说："人的伟大源于人对自己不幸的认知：一棵树不知道自己是不幸的。因此，知道自己不幸是不幸的，但也是伟大的。""与其他所有生物不同，我们知道自己终有一死，而且很早就对此有所认识"，因此我们必然生活在这种认知的阴影之下。我们意识到，与宇宙的永恒相比，人生的短暂可笑至极；与无垠的空间相比，我们因居于弹丸之地的人生，悲惨至极。这意味着，我们知道"存在于此时此地而非彼时彼地是毫无道理可言的"。"毫无道理"等于"毫无意义"。但对于现代智人来说，无意义是一种令人难以忍受的状态。于是，人生就是要不断努力，填补那可怕的空虚，使生命变得有意义；要么就干脆忘记生命存在的无意义，或抑制这一想法，宣称其无关紧要，淡化它，或把它搁置一旁，暂且不理。简而言之，人类在意识到自己终有一死的前提下，努力使生活变得可以忍受，甚至值得一过。我们把这种不懈的努力称为文化。帕斯卡尔在人类共同的不幸命运中看到了人的伟大，他也称之为"文化"。

你刚才指出，现代自我的第四个特征，应该加上自我与时间的新型关系。这当然是正确的。因为我们现代人已经找到了治疗帕斯卡尔所哀叹的人类痛苦的良方。为了加强你的观点，我甚至可以说，寻求这样的良方并找到它们（或自认为

找到了它们），是现代自我的首要特征。尽管死亡
如影随形，构思出使人生值得一过的方法，一直
是文化的主要动力，也是文化史一脉相承的主线。
与前现代人相比，现代人解决这一问题的方式已
经迥然不同。

　　在我能想到的所有解决方案中，基督教的方
案是最激进、最具平等主义精神的：据基督教教
义，每个人都有望获得永生，这一点是确定无疑的，
也是不可避免的（即使只是以精神的形式——作
为灵魂而非肉体——获得永生），但这种灵魂不朽
究竟是福是祸，则取决于个人的现世生活
（corporeal life）。这一解决方案赋予了短暂的尘世
生活以巨大的意义，使其成为影响永恒时间的质
量的唯一且不可重复的机会。（此外，世袭原罪的
观念也极大地增加了行善和避恶的压力，先验地
设定了偏向于地狱的赌注——每个人出生时就已
经背负了罪恶的包袱。除非在尘世生活中付出巨
大的努力以减轻原罪的重负，否则与升入天堂相
比，人们最终堕入地狱的可能性更大。）不朽的灵
魂是坚不可摧的，它的永恒命运只有在其肉体的

囚禁期才能受到影响，并且在彼时彼地被其肉身一劳永逸地决定。一旦它失去了肉体的躯壳，灵魂便再无机会对其状态和命运进行重新协商了。

**罗　德**：犹太教的不朽灵魂（听命于唯一的神）与西方文化对个体性的追求之间肯定存在联系。但我想知道，基督教是否也如此激进。在有神圣文本的三大一神论宗教[1]中，也许伊斯兰教将这一思想发展得最为清晰、理性。正如《古兰经》所说："有人在边缘上崇拜安拉，若获福利，他就安然享受；若遭祸害，他就轻率背叛。他将丧失今世和后世，这是明显的亏损。"堕落一旦发生，就是绝对的，失去恩典的人无论对自己的恶行多么懊悔，也再无回头路可走。

在我看来，基督教恰恰相反：它允许个体在任何事情上都失败，但如果他真的为自己做过的恶行（和未做的善行）感到抱歉的话，基督教不会让他的灵魂受到永恒的折磨。当然，基督教内

---

[1]　即犹太教、基督教、伊斯兰教。

部的观点不尽相同，譬如加尔文的严苛与切斯特顿（Chesterton）或陀思妥耶夫斯基的人文主义就大不一样，但其核心思想不正是成为既定事实的罪恶可以通过神的恩典来克服吗？前提是，你得愿意接受这一恩典。这里，我们不必在乎个人的救赎是否命中注定，因为这些微妙的神学问题对于平信徒来说可能并不重要，除非是在教派大动荡时期。不过，目标的实现并不依靠个人行为，而是依靠个人对更高权威的服从，或对某种意识形态的效忠。

对于种类繁多的印度宗教而言，其出发点则截然不同：永恒是我们已经拥有的。印度教的转世灵魂经历了一次又一次的化身，没有一位神圣权威能决定它的命运，其命运总是由它自己的行为和选择来决定的。佛教徒在这方面更进一步，他们声称灵魂本身是人类的愚蠢和欲望的虚幻延伸，并无本质可言，纯粹是生活境遇所造之物。常见的佛教思想简介上声称，佛教将这些需要人们克服的生活境遇描述为"苦难"（suffering）。这样的描述其实并不完全正确，因为在同样的范式中，"苦难"与"幸福"虽然是两种对立的状况，但对于佛教徒来说，"苦难"与"幸福"之间的距离比我们通常所认为的要小。它们不过是同一种不尽如人意的人类存在形态的不同变体，我们无可奈何、只能接受。以至上的幸福或肉体的极乐为例，这种幸福和极乐之所以总是可能的，恰恰是因为它与身体或心灵的其他状态相对立。例如，现代药物也许可以延长人类性高潮的持续时间，但如果性高潮持续几个小时呢？两周呢？人们是否宁愿去体验别的东西？若持续六个月，它到底是肉体的极乐，还是令人难以忍受的折磨？

因此，从佛教的观点来看，解决之道并非力争"赢得"天堂——这相对容易做到，而是要摆脱执念，彻底放下。原因在于，天堂永远是暂时的；在某种意义上，它好比一个假期，人们在假期内感到舒适惬意，但它最终必须结束，也必然会结束。所有佛教徒都认为，人的处境实际上是解决自身问题的最佳道场，因为人有足够的智慧来理解这些问题，并且有足够的自由来采取相应的行动，无论他所处的境况多么卑微。毕竟，没有人是无忧无虑的，每个人都得采取行动，试图解决自己的问题。此外，正如大乘佛教[1]哲学所论证的，除了我们身处的环境，在其他任何地方都找不到救赎：没有涅槃，没有彼岸，没有摆脱我们当下境况的不二法门；唯一的方法就是看清它的本质，不执着于它。西蒙娜·薇依[2]也表达了类似的观点："唯有当快乐与痛苦激发出同等程度的感激之情时，人对上帝的爱才是纯粹的。"[2] 这一观点透露出她的思想所惯有的那种结构性残忍（structural cruelty）。然而，薇依面对的是一个超验的绝对（可想而知，这带给她安慰），而大多数

---

[1] 大乘佛教，英文是 mahāyāna buddhism。"大乘"是梵文 Mahāyāna（摩诃衍那）的意译，意为大的车乘，佛教中常用马车来比喻众生的工具。大乘佛教与小乘佛教的区分，主要在于自利与利他的不同。能够利他、圆满成佛的教法为大乘；而只求自利、断除自身烦恼的教法则为小乘。从佛教的分布来说，北传的梵文系佛教——以中国为中心而至日本、新加坡、马来西亚的汉传佛教，主要是大乘佛教；南传的巴利文系佛教——以斯里兰卡为中心而至泰、缅等国的佛教，是小乘佛教。需说明的是，这是北传佛教徒的区分法，南传佛教徒对此并不认可。

[2] 西蒙娜·薇依（Simone Weil，1909—1943），犹太裔法国哲学家、宗教思想家、神秘主义者、社会活动家，毕业于巴黎高等师范学院，深刻地影响着战后的欧洲思潮。著有《重负与神恩》《扎根：人类责任宣言绪论》《在期待之中》等。

教派的佛教徒几乎完全依靠自己。神话人物或神秘人物可以成为帮手或向导，但他们不会代替人类完成任务（日本的"净土宗"是个例外）。

这也意味着，佛教传统不像西方思想那样执着于克服死亡。生命是存在的一个面向，死亡亦如此。所以，死亡的确最终会降临到每个人的头上，但我们还有更重要的事情要考虑。

**鲍　曼：**我们可以从一个稍微不同的角度来看佛教在面对"人终有一死"这一巨大挑战时，提出了怎样的解决办法。佛教给凡人提供了多大的力量，来帮助他们克服无法改变、不可避免的永生？若用基督教的标准，特别是用现代基督教的标准来衡量，似乎不太大。

你刚才观察到，"佛教传统不像西方思想那样执着于克服死亡"。确实如此，但它之所以产生这样的效果，是因为死亡被简化为一种类似于古代驿站的东西，旅客在那里换下疲惫的马匹，又继续奔赴下一程。对于佛教徒来说，永生是一连串无穷无尽的轮回（有形的而非虚幻的轮回！），它们之间的因果联系可以被推测却不可知，即使追溯往事也无法确知，故而超出人们的掌控。这样的解决方案对精神的宁静大有裨益。当一个人意识到自己的人生轨迹已经牢牢地、几无商量余地地被预先确定或者被未来所限定，他可以从中获得诸多安慰；不过，在这两种情况下，我们能做的事就太少了，几乎无法影响自己的未来，更不用说决定自己的未来了。我也许羡慕和崇拜蝴蝶的空灵优雅，并梦想着变成它们那样，但我怎样才能保证我在下一世会化身蝴蝶呢？我在寻找一个令人宽慰的答案——唉，可惜找不到。如你正确指出的那样，剩下的就是"不要力争'赢得'天堂……而是要摆脱执念，彻底放下"。静观其变，随遇而安，不必强求——这才是永世轮回的生命之道。

**罗　德**：尽管你的最终结论相当正确，但情况要比这复杂得多。造成这种情况的主要原因，并不在于人类本质上无法控制自己的命运，而在于无法通过有计划、有目标的行动来影响自己的命运。一个问题得以解决，另一个问题必然会出现。当然，一个人的所作所为无论如何都会影响其未来的命运，正如我们选择沉溺享乐可能就会导致健康问题；正如我们对环境的淡漠忽视不仅会影响我们留给子孙后代的遗传基因，还可能会影响整个世界。同样，我们祖先所做的选择，以及我们自己以前所做的选择，造就了现在的我们。在这个意义上，我们可以用"因果报应"的观念解释当前的状况。佛教中的行善和戒恶皆有意义，因为这两种行为都会在未来留痕世间，还会影响个人后天的心理倾向。譬如，在一个什么都禁止的社会里，哪怕最微不足道的人性弱点都会使人触犯某项法律，因此，除非是极其机械呆板的人，几乎所有人都必然会在某些方面触犯法律。但这反过来又会滋生出一种对法律和权威本身合法性的虚无主义态度。这不失为一件好事，因为它能比自由主义制度更有效地破坏极权主义制度。然而，如果一个人把"以自己的方式为人处世等同于犯罪"这一观念内化，那么当他处于不再受限的环境时，也更有可能被怂恿去做一些真正违法的事情。这也许是佛教伦理重视对行善和作恶进行思考的原因之一，因为一个人选择行善和作恶，就会在其性格中留下烙印——或者借用佛教徒的话说，就已经产生了相应的业力。

然而，总的来说，这些思想体系（包括道教的思想体系）并未能导向一个改造世界的重大议程。在我看来，宗教不同于改造世界的议程。两者的区别，与剖析问题型学者和积极干预事态发展的政治家之间的区别十分相似。佛教体系的两大基本美德是慈悲和智慧。了解世界的运行机制，如你所说，确实会让人接受事情顺其自然的发生，而"不必强求"事情的必然发生。

**鲍　曼：**我认为，你上面所描述的一切与现代解决方案截然相反。现代解决方案的核心是行动，一种目标明确的行动，旨在控制命运的轨迹，使其变得柔韧并服从于自己的决定（你所提到的佛教"智慧"，恰恰是意识到了这种控制的徒劳，即便能有所控制，这注定也是未经检验且不可知的）。它号召人们采取行动，并详细说明如何使行动有效。这种现代方案主张，有效地掌控自己灵魂的永恒存在形式，才是俗世的毕生追求；与此同时，它还向你保证，只要你积极努力，你就能够实现这一目标。较之基督教提供的解决方案，现代解决方案走得更远，它把永生看成是一种仍然需要争取的东西，一种可能错失的机会。

在现代解决方案中，永生从命定论的界域转移到了世俗成就的界域：一种原则上永远不会是最终的、确定的成就。在无限的时间长河中，成就可能会被加强或削弱、增加或减少，但这显然不是其创始者（auctor）所能左右的，因为创始者那时不会在场，也无法为其资历增添任何东西；创始者死后，他的人生成就变成了他无法控制的命运人质，他无法确知命运反复无常的裁决，只能或正确或错误地猜测——正如变幻无常的未来将显示的那样，命运会一次又一次地改变它的判决，撤销原判或坚持原判。一个人可以对冲自己的赌注，试图以当时观点所认为的最好方式行事，以在后人充满感激的记忆中赢得一席之地，但仅此而已。至于能否在人类的集体记忆中牢牢扎根，或能否影响未来事物的形态，任凭创始者本人如何努力，他也无法（完全）预先决定。

"现代方案"的这些基本特征，并没有随着"后现代性""晚期现代性""第二现代性"——或者我个人喜欢用来指称当下状况的"流动现代性"——的到来而发生改变。不过，服务于现代战略的战术已经极为丰富，并且日新月异，精巧的装置和策略层出不穷，这些新事物在 15 年以前是难以想象的，即使有也只存在于科幻作品中。我想冒昧地做一推测：永生的难以实现，刺痛了人们的心，于是人类不断寻找新办法来缓解这一伤痛（并且使永生的梦想为经济盈利服务），在这一过程中，重心从娱乐领域转向技术领域。娱乐业固然无法让人们获得永生，但可以提供立等可取的"永生体验"，因此永生的愿景从梦幻般遥不可及、无限永恒的高度，降到了触手可及的商品的范畴，甚至降至每天都可食用和消化的保健品的类别。但须强调，无论是在娱乐业这块旧栖息地，还是转移到技术领域这一新领地，永生的观念始终以循序渐进的方式被剥去神圣的光环：它被祛魅、被彻底亵渎、被商品化。它正在变成无数欲望对象之一，市场随时可以供应，金钱（至少是大笔金钱）即可买到。

无论如何，人类最畏惧、最无法克服的忧虑如今被转移至技术域，这似乎是"普罗米修斯情结"和随之而来的"普罗米修斯嫉妒"的又一案例。所谓"普罗米修斯嫉妒"，即当我们看到人造物比我们——它们的制造者——拥有（或能够获得）更高超的技艺和灵巧性时，我们所感受到的难以忍受的恐惧、愤怒和嫉妒。早在半个世纪前，君特·安德斯[1]就将之诊断为技术时代最具威胁性的特征之一。现在，数字计算的速度和精确度成为"普罗米修斯嫉妒"的主要原因和首要目标。据称，凯文·沃里克（Kevin Warwick）是第

---

[1] 君特·安德斯（Günther Anders，1902—1992），犹太裔德国哲学家、记者、评论家及诗人，汉娜·阿伦特的前夫。1923年，安德斯在胡塞尔的指导下获得弗莱堡大学的哲学博士学位。安德斯的作品经常通过对大屠杀和核威胁的沉思来探讨人类的自我毁灭，为技术时代发展出一套哲学人类学。著有《过时的人》等。

一个尝试将数字设备植入大脑来"升级"自己身体的人类。在 2004 年出版的《我，赛博人》（*I, Cyborg*）一书中，他对此番经历进行了翔实而华丽的描述（可能是他让出版商将这句话印在书的封面，作为宣言）："沃里克相信，拥有远超人类智能的机器终将取代人类，并代替人类做出重要决定。有鉴于此，他在本书探究我们是否可以利用技术来提高人类相对有限的能力，从而免遭淘汰。"我们遥远的祖先曾经吞食他们的敌人，认为这样做可以将敌人的力量转移到自己的身体中；同样，沃里克决定将电脑植入自己的身体，其背后的理据可从该书引言的头几句中得知："命运使我成为人类，但它同时也赋予我改变命运的能力。我有能力改变自己，借助科技升级我的人类形态。将我的身体与硅直接相连，我就会成为半人半机器的赛博格。"

由于缺乏专业能力，我不敢妄言"将身体与硅直接相连"在技术上有多大的可行性。但目前，越来越多的专家和巨资正投入这一项目中，使其变得可行——或变得可信。2011 年 2 月，俄罗斯的互联网大亨德米特里·伊茨科夫（Dmitri Itskov）召集了信息学和脑科学领域的顶尖高手加入他的"2045计划"。据英文维基百科的简介，该计划旨在设计"一具名为'阿凡达'的人形身体和一个先进的脑机接口系统。在生物学方面，该计划将开发一个生命支持系统，用于在阿凡达中寄存人脑，并保持其活力和功能；在下一阶段，它将开发人造大脑，将个人的原始意识植入人造大脑"。伊茨科夫向与会的专家们展示了一张"路线图"，将日程规划按照所需的科技进步，划分为几个连续阶段。到2020年，"复制人体的机器人将能够直接远程解读来自大脑的指令，并通过脑机接口以人脑可以解读的形式将信息传回大脑"；到2030年，"拥有人造大脑的阿凡达将在人的生命终结时移入人的人格特质"；最后，到2045年，"类似全息图的阿凡达"将计划问世。我在此补充一点：将人类的心智技能移入电脑的实践已经全面展开，这一工艺流程仿照了将手工技能近乎完全地移入电脑操控的机器模式。

随着人们关注的焦点逐渐转移至技术领域，

另一个意义深远但同样可以预见的转变似乎正在发生：从精神界域到肉体界域。以前，身体永生的观念只是基督再临的预言家和科幻小说家的专利；现如今，身体永生的观念被新技术引入了实践和现实。基因工程、仿生学、义体化技术，以及克隆技术，都承诺身体的永生——至少承诺身体"可用性"的持续时间可以无限延长。《一个岛的可能性》（2005 年）也许是自扎米亚京[1]、奥威尔、赫胥黎以来，最具影响力、最复杂精致、听起来最现实也最可怕的反乌托邦作品。在这部小说中，作者米歇尔·维勒贝克[2]将载有完整记忆的人类人格进行转移的前景，与已经发展起来的克隆技术联系起来，预示了一种技术上可行的最新形式，借以实现个人生命的永恒，并以耸人

---

[1] 全名为叶夫根尼·伊万诺维奇·扎米亚京（Yevgeny Ivanovich Zamyatin，1884—1937），俄罗斯科幻小说家、哲学家、文学评论家和政治讽刺作家。代表作为《我们》，该书直接影响了乔治·奥威尔《1984》、赫胥黎《美丽新世界》和库尔特·冯内古特《钢琴演奏者》的创作。

[2] 米歇尔·维勒贝克（Michel Houellebecq，1958—    ），法国作家、电影导演、诗人。小说《地图与疆域》获法国文学最高奖项龚古尔文学奖。

听闻的细节，将这一成就给新人类造成的社会与心理后果描绘得淋漓尽致。

我不是上述技术的行家，所以我只能依赖技术专家的意见，尽管他们常常因其惹人争议的观点而臭名昭著。显而易见，我没有资格判断上述承诺是否可信，以及在多大程度上可信。我只能注意到，对身体永生的承诺，已经被渴望获得独家新闻的媒体渲染得越来越可信，这种承诺的存在本身正在影响着大众对永生的恐惧、敬畏、渴望，以及它被调拨的方向——或者说影响由此产生的关切和忧虑的释放渠道。

凡人对永生的迷恋不仅尚未终结，而且很可能永无止境。上面讲了凡人追求永生的最新进展，下面请允许我暂时回到 4500 年前的《吉尔伽美什史诗》[1]。酿酒的女人西杜里（Siduri）首先提醒

---

[1]《吉尔伽美什史诗》，美索不达米亚的文学作品，是已发现的世界上最古老的英雄史诗，共有 3000 多行。史诗所述的历史时期据传在公元前 2700 年至公元前 2500 年之间，主要讲述了苏美尔时代的英雄、乌鲁克半人半神的国王吉尔伽美什的传说故事，尤其围绕他与朋友恩奇都（Enkidu）之间的友谊故事展开，并汇聚了两河流域的许多神话传说。史诗的最早版本是刻在泥版之上的楔形文字版。

吉尔伽美什，他前往永生之地的远征是注定要失败的，因为"当神创造人的时候，就把死亡分配给了他们"。她接着说道："用好东西填饱你的肚子；日日夜夜，夜以继日，欢歌起舞，盛宴欢腾。让你的衣服清爽，用清水沐浴，珍惜牵着你手的孩子，让你的妻子在你的怀抱中幸福快乐。"然而，吉尔伽美什断然反对西杜里的建议，并针对他的挚友兼同伴恩奇都[1]的抱怨——"我被懒惰所困，悲伤的哭声卡在喉咙里"——回答道："我要去那个砍伐雪松的国家。我要在写着名人名字的地方立我的名字，在没有人写名字的地方，我要为众神立碑。因为这地有灾祸，我们要往森林里去，除灭那灾祸。"

　　上面的引文描绘了人类发现自己注定死亡时的两种反应。我相信，《吉尔伽美什史诗》是这方

---

[1] 恩奇都是现今人类历史上最古老的叙事诗《吉尔伽美什史诗》里的主要人物。天神安努创造了恩奇都，派他去制止乌鲁克国王吉尔伽美什的暴政。他与吉尔伽美什大战一场，反被感化，两人结为至交好友。恩奇都便协助吉尔伽美什建功立业，成为受人拥戴的英雄。但后因与吉尔伽美什杀死神兽而受神惩罚，病重而死。他死后，吉尔伽美什悲痛不已，并自此踏上寻找永生的道路。

面最早的文字记录（请注意，它是用楔形文字记载的，比《伊利亚特》还早 1500 年）。第三种反应——从那以后找到了吗？目前仍不得而知。

请允许我引用《死亡》（2009 年）一书中的句子，做最后的补充。这句话是我的女儿安娜·斯法德（Anna Sfard）最近讲给我听的。本书的作者托德·梅（Todd May）认为，死亡是"一种疾病，如果有治疗方法的话，那它比疾病本身还糟糕"。我完全同意他的观点。这位政治哲学家在接受马特·比伯（Matt Bieber）的采访时，这样解释他的死亡观："［生命的］轨迹是有限的，因此这个轨迹过去是什么样子，将来又会是什么样子，这两者都很重要。"（2013 年）换言之，没有死亡，生命就没有意义。正是有了死亡意识，知道死亡是"必经之路"，生命才有了意义。早在托德·梅发表这一观点的几十年前，伟大的伦理哲学家汉斯·约纳斯[1]就坚称，正是因为我们意识到了自

---

［1］ 汉斯·约纳斯（Hans Jonas，1903—1993），或译汉斯·尤纳斯，犹太裔德国哲学家。著有《责任原理》《诺西斯与后期古典精神》《生命现象》《诺斯替宗教》《灵知主义与现代性》等。

己的死亡，日子才会过得有意义，我们才会数着日子过。这就是博尔赫斯在他不朽的故事《永生》（"The Immortal"）中所讲述的真理，他的叙述是如此优美，如此令人折服，让人没有任何怀疑的余地。如果动物们能够创作故事并将之书写出来，它们也一定会赞同这个真理。可惜的是，动物不会撰写叙述，即使它们想这样做也终究力所不逮——当然，它们不会"想"这样做，因为它们没有主观意志。这不足为奇。毕竟，就它们所知，只要自己活着就是永生的。

**罗　德**：是的。这不仅仅是一个雄心勃勃的商人因渴望获得永生而发起的乌托邦计划。如果我们相信斯蒂芬·霍金，那么科幻小说宣扬了几十年的旧脑洞正在逐步成真：尽管我们目前掌握的科学还做不到，但很可能突然有一天，人类会开发出一种技术，使其拥有者能够将人脑上传到网络空间。他说："我认为人脑就像计算机里的一个程序，因此单纯从理论上讲，大脑可以被复制到电脑上；人死后，大脑可以在电脑里以另一种形态存活。"[3]换言之，大脑中任何无法像计算机软件那样运行的部分，都是无关紧要的，是可以被丢弃的。这里，我不得不与技术乐观主义者分道扬镳。我不相信人类语言（广义上的语言，包括所有符号、公式等）能够详尽无遗地描述现实，即使我无法在科学上证明这一点。是的，总有一些东西是人类无法企及的。我们可以"近似真品"地复制任何东西，但它们也只是近似真品而已，与真品不是一回事。机器似乎已经能够对活体器官进行 3D 打印，但我拒绝相信这些复制品——我应该怎么说呢——在结构上与生物体内实际生长出来的器官完全一样。当然，我并不否认 3D 打印技术的重要性，它是一项非常了不起的技术，能够减轻病患的痛苦，延长人们的寿命，与人类之前出现过的健康辅助技术一样伟大。就此而言，电脑进入我们的生物体，是否与木腿、眼镜、心脏起搏器等辅助技术有着本质区别？只因其可以进行计算，电脑就比后者更异类吗？还是说，两者的差别在于，当代生物技术的目标消费群体是那些压根儿就没有健康问题的人——他们希望通过技术升级为人类赋能，从而改善人类的生存状况？

**鲍　曼**：我和你有同样的预感和忧虑。我们都担心，人类的某些关键能力一旦转移到计算机上，非但不能得到很多人所认为的扩展和增强，人反而会因此受损。我们有理由担心计算机会剥夺人类的心智能力。就此，我想再补充一个理由。

人类语言既不充分又有缺陷。有鉴于此，计算机的设计者意图消除人类语言的缺陷。许多人认为计算机有望做到这一点，殊不知，人类语言的固有缺陷恰恰是人类创造力的源泉。埃德蒙·利奇[1]是 20 世纪最具探究精神的人类学家，深受克洛德·列维-斯特劳斯的结构主义理论与实践的影响。⁴他将人类文化和人类潜能中的躁动不安，以及人类与生俱来的超越倾向和冲动，追溯到语

---

[1] 埃德蒙·利奇（Edmund Leach, 1910—1989），英国人类学家，曾担任剑桥大学国王学院教务长，以及英国皇家人类学研究所所长。他将列维-斯特劳斯的思想引入英国社会人类学。著有《缅甸高地诸政治体系》《列维-斯特劳斯》《文化与交流》等。

言（任何"自然"语言）特有的，而且在他看来根深蒂固的先天缺陷，即人类语言无法达到理想的"精确性"（Eindeutigkeit），无法实现毫不含混地"再现"现实这一雄心（或奢望）。

利奇认为，人类语言的不足之处，在于词语的语义场的固有离散性（它对于实现语言的交际功能不可或缺）与现实的无缝连续性之间不可逾越的差异。这一差异导致了两个不可避免又无法挽回的结果。一方面，在"已命名"的经验语义场之间留下了未命名的（因此未被注意和记录的）"空白点"；正因如此，如你刚才正确指出的那样，现实永远不会被"详尽描述"。另一方面，一些语义场会部分或略微重叠，因此产生了意义过载的经验空间——里面的意义往往相互矛盾且不可调和。

第一个结果是，人类的探索精神被唤醒了——因为我们很容易超越日常熟悉的领域，进入新奇、陌生、未知的地带。我们亟须在刺激与反应、感知与行为模式之间建立一套固定的联系，从而满怀信心地继续前行并避免错误行动，但这种探索注定永远无法完成：知识的历史（包括知识的未来历史）可以被重述为一个探索与发现的故事，一个命名和填补人类生活世界的地图上连续不断的"空白点"的故事。然而，第二个结果是，生活世界的空间内部存在着惹人恼火的、十分扎眼的语意超载和泛滥，语意之间相互矛盾，于是唤起或激发了相互矛盾的行动模式，完全无法在语意之间做出简单明了的选择。简而言之，正是由于人类语言创造了令人困惑的感知区域，有效的行动才变得困难重重，乃至根本不可能，宛如行走在一片茫无际涯的矛盾、迷失和挫败之中。

请允许我引用我早前的研究《现代性与矛盾性》[1] 中的一段话：

> 矛盾性，即把一个对象或事件归入多个

---

[1] 在《现代性与矛盾性》（*Modernity and Ambivalence*，1991）一书中，鲍曼把现代性理解为一种秩序井然、可被管控的生存状态。他认为，这项启蒙工程必然遭遇一些无法被管理，故而可能引发混乱的社会群体。鲍曼提出了"陌生人"这一隐喻，并借鉴齐美尔和德里达的哲学思想，将之描述为在场却不熟悉的人或物，他们/它们虽然充满了未知的诱惑，却也成为人们恐惧的对象。

类别的可能性，是语言特有的紊乱和失调，即语言命名（区隔）功能的失败。这种失调的主要症状是，当我们无法正确解读所处的形势，无法在不同的行动之间做出选择时，我们会感到极度不适……矛盾性是分类工作的副产品；它要求我们更加努力地进行更为精细的分类。[5]

人类为分类而做的永不停歇的努力，构成了文化史的引擎。为了提高世界的透明度，提高自己在世界中的行动能力，以及自己改造世界的能力，每一代人都致力于更为精确的分类。到了现代，这一点尤为强烈。最重要的是，分类已成为人们意识明确的工作，被置于关注的中心——成为人们孜孜不倦、系统而持续地关注的对象。

可以说，只要我们的生活充满了一种"没有我们，世界就会洪水滔天"[1]的感觉，人类的

---

[1] 英文为"without us, a deluge"。这一表达显然是对"After Me, The Deluge"（我死之后，哪管他洪水滔天）这一习语的化用。后者出自法国国王路易十五和他的情妇蓬巴杜夫人之口，现已成为常见表达，曾出现在卡尔·马克思和陀思妥耶夫斯基的著作中，被用来形容冷漠自私的价值观。

存在就是现代的。这意味着，只要向所有矛盾性宣战，向特别容易产生矛盾和特别抗拒"秩序"的领域宣战，只要这种负载着分歧与不和谐意义的"模棱两可"地带成为禁忌（这是利奇的提议）——换言之，只要这样的地带被抑制或被消除（若可能），人类的存在就是现代的。在一个浸透着现代精神的世界，使人类获得舒适愉快、宾至如归之感（chez soi）是一项人性的任务。人性的——太人性的[1]。也只有人性。

----

[1]  此处影射 19 世纪德国哲学家尼采的著作《人性的，太人性的》（德语：*Menschliches，Allzumenschliches*；英语：*Human，All Too Human*），副书名为"一本献给自由精神的书"。该书最初出版于 1878 年，是为伏尔泰 1778 年 5 月 30 日逝世日而作的重要作品。尼采本人称这本书是"一场危机的纪念碑"。

# 语言中的多重自我

## 精确与矛盾：我们如何通过语言理解世界，呈现自我

**罗　德**：自我与语言的关系确实至关重要。我认为，这里其实涉及两个独立的话题，可将之初步分为"内在"和"外在"，尽管个体未必总能意识到这种区别。无论是在沉默中，还是在与他人交流时，我们为了理解世界而使用的"内在"的语言工具库，有别于我们从"外在"呈现给交谈对象的讲话方式，不可将两者混为一谈。当然，它们是同一枚硬币的两面。但我认为，自我概念化（self-conceptualization）与自我呈现（self-presentation）的过程，无论是有意的还是自发的，看起来仍然是相对独立的，并且受到诸多其他因素的影响。因此，我认为有必要逐一探讨这两个话题。

关于语言的限度，你说得非常对。我甚至不太确定，谈及不同的人或不同的情况，我们默认共享完全重叠的语义场这种做法是否合理可信。

正如认知人类学家和某些语言学家所指出的那样，我们的大脑实际上并不以概念来运作，而是以"图式"（schemas）或"框架"（frames），也就是结构（constructions）来运作的，这些结构让每一位使用同一词语的人，都能在她/他的脑海中填补一些空白或凸显一些细微差别。诸如"房子""狗"或"祖父"之类的词语，在不同使用者的脑海中，会唤起截然不同的画面。此外，丹·斯珀伯（Dan Sperber）和迪尔德丽·威尔逊（Deirdre Wilson）早在 1998 年就相当有说服力地指出，当两个人交谈时，每个人只能理解对方所说内容的70%。然而，这足以实现成功的交际——这毫不意外，因为我们已经学会了接受不完美的沟通。同样，文化符号学的奠基人之一尤里·洛特曼[1]也指出，"一个高度复杂的符号系统，其功能性根本不以完全理解为前提，而是以理解与不理解之间的张力状态为前提"。[1]洛特曼的主要关注点是人

---

[1] 尤里·洛特曼（Yuri Lotman，1922—1993），俄裔爱沙尼亚符号学家、文化史家。他是文化符号学的开拓者，提出了"文化文本"观念和"符号域"视角，在符号学领域产生了深远影响。著有《结构诗学讲义》《艺术文本的结构》等。

们对语言的富有艺术性的运用，但他所提出的原则适用于任何情况。语言的限度不见得只是坏事。你前面对语言的矛盾性做了一番恰如其分的诊断；其实，这一矛盾性也可以被视为自我的产生之地——自我与世界接触的每一刻，都必须选择如何理解世界，自我便由此诞生了。为了我们自己的"内在"目的而克服矛盾性，可以被视为一种自我实现的形式，一种使我们栖息的世界完全属于我们自己的活动，尽管我们永远无法完全克服这种矛盾——也不应该这样做。世界的矛盾性构成了一种挑战，它让我们得以存活。当然，并非所有让我们赖以存活的东西都是令人愉悦的、可取的，乃至易于接受的，但无论如何，倘若没有诸如此类的挑战，我们就会失去真实的自我。

确切的含义若果真有处可寻，我们也许应该在那些非个人化的中性概念中去寻找，这些概念与我们的切身经验无关，但可以被定义，例如科学公式或法律术语。不过，就连法律术语动辄都会引发激烈争论，因为现实中发生的任何特定的利益冲突，都需要将看似客观的法律术语应用于人类的个体经验，当事人总是以符合一己私利的方式对这些法律术语做出各种各样的解释。实际上，这正是我们看待一切事物的方式。因此，从某种意义上说，我们每个人都生活在主要由自己书写的叙事之中。

这里似乎暗含一个微小的悖论。一方面，我们的存在，部分是通过克服世界的矛盾性而维系的——可以说，我们是在主动寻求矛盾性；然而，另一方面，我们势必要将所接触的一切纳入自己编织的网中，此即韦伯和维果茨基（Vygotsky）提出的"意义之网"。这就好比提着一盏灯在观察黑暗。我想说的是，以透明性和充分性为前提的语言观本身是错误的，尽管它看起来非常合乎逻辑，甚至是自然而然的。这种纯粹的语言观，曾经出现在笛卡尔的著作中，但只是作为一种现代现象。这一点儿也不奇怪，因为他在 1629 年 11 月 20 日给梅森的信中如此写道：

> 如果有人能正确地解释，人类想象力中

构成人类所有思想的简单观念是什么，并且他的解释能得到普遍接受，我就敢于奢求一种易学、易说、易写的通用语言。这种语言的最大优点是它有助于人们进行判断，因为它把事情表述得非常清楚，几乎不可能出错。[2]

这样的通用语言确实是完全透明、简单易懂的，若它果真存在，那么我们日常生活中使用的自然语言就显得像是对这种理想语言的背离。问题恰恰在于，这种语言在原则上是不可能存在的，至少在人类处境下无法实现。原因有二。首先，犯错是人之为人的必要条件，也是人类生存的必要条件，否则新事物何以产生？其次，一个统一且标准化的简单理念体系排除了人的个体性，或将其简化为有限的、不可更改的集合中的元素组合。显然，这种组合在数量上必然是有限的。但可以理解的是，这种想法会让人产生人类大脑可以上传的幻想。

**鲍　曼**：我再说一遍，语言的"精确性"——

无矛盾、无歧义——始终是现代精神的北极星。这颗指路之星引领它的载体取得了一个又一个的惊人突破，却无法接近"万物理论"[1]（据信，它是当今最前沿的物理学），也不能迈向笛卡尔孜孜以求的"易学、易说、易写的通用语言"。然而，词与物、语言与现实之间令人恼火的不契合，能否通过语言改革来解决呢？玛格丽特·沃特海姆[2]在一篇名为《物理学的穿山甲》的论文中写道：

> 理论物理学正被一种悖论所困扰：100年前，科学家发现，在亚原子层面，物质既是粒子又是波。这一悖论在当时是个难以理解的谜，至今依然如此。正如波兰裔美国心理

---

[1] 万物理论（Theory of Everything），亦作"万有理论"，是一种假设的总体性理论框架，能够用来解释宇宙的所有物理奥秘，因此被认为是物理学的终极理论。广义相对论和量子力学是现代物理学的两大理论基础，两者的结合最接近想象中的万物理论。

[2] 玛格丽特·沃特海姆（Margaret Wertheim，1958— ），拥有物理、数学双学位的科普作家。著有《毕达哥拉斯之裤：上帝、物理和性别之争》《网络空间的天国之门：从但丁到互联网的空间史》等。

学家约瑟夫·贾斯特罗（Joseph Jastrow）1899年首次描述的鸭兔错觉一样，亚原子世界对我们来说是两种不同范畴的存在。

但是，还有另一个悖论在作怪：物理学本身被量子论和广义相对论分裂开来。这两个相互竞争的对立体系对人类世界的描述并不相同，却诡异地反映了波粒之间的张力关系。说到非常巨大和极其微小的事物时，人们指涉的不是一个物质现实，而是两个：从量子论的角度来看，它将亚原子世界描述为一个活蹦乱跳的单个量子领域；从广义相对论的角度来看，它将宇宙尺度上发生的事件描绘成时空的华尔兹舞，庄严而平滑地流动。广义相对论就像施特劳斯的圆舞曲，深沉、庄重、优雅；量子论则好比爵士乐，曲调不连贯，节奏切分，摩登得令人头晕目眩。

一方面，物理学被认为是理解现实的终极途径；另一方面，就理解现实而言，物理学被认为与神话、宗教，乃至文学研究无甚差异，它们都同等重要。因为我花费在科学

领域和人文领域上的时间相当，我遇到了很
多这种类型的二元论。我发现自己能够参与
两种截然不同的对话，和人文学者在一起就
谈人文的那一套，和科学家在一起就谈科学
的那一套。那么，我们所谈论的究竟是不是
同一个话题呢？

最后，她提到了著名的结构人类学家玛丽·道格
拉斯：

用道格拉斯的话来说，物理学家的思想
体系被人们赋予的力量过大。她说："把经验
纳入不矛盾的逻辑范畴的企图"不可避免地
失败了。从对波粒穿山甲的沉思中，我们洞
悉了物理学家语言系统的限度……我们会在
某个时刻接受量化工程像其他所有分类体系
那样存在局限性的观点吗？还是说，我们在
试图根除每一种挥之不去的悖论时，会陷入
更复杂、代价更高的探寻中，譬如欧洲核子
研究中心（CERN）二号、第二代哈勃望远
镜？在道格拉斯看来，矛盾性是语言的固有

特征，我们早晚都要面对，否则它只会让我们心烦意乱。[3]

可见，我们虽然未能沿着这颗北极星抵达它所指引的目的地，但是我们的失败——或者更确切地说，那些反复思考人类理解力缺陷的哲学家们的失败——不能用方法论上的失误或科学上的不成熟来解释。毕竟，我们不是唯一的徒劳无功的寻找者。我想，有某种东西将最复杂精密且展示着不容置疑的科学权威的语言所处的困境，与"神话、宗教，乃至文学研究"在理解现实方面的地位联系在一起。这种东西就是语言相互关联的两种功能——交际和再现，在本质上的不可通约性。

恰恰由于这两种共时性功能的无法克服的脱节，洛特曼所谓的"理解与不理解之间的张力状态"才能得以保持，且无处不在。"再现"为了履行"交际"功能，它就必须放弃对穷尽性和明确性的追求，原因在于，这种雄心勃勃、自命不凡的行为会削弱语言表达的交流效率。我们有充分的理由怀疑，人文学科的深奥术语虽然意不在此，却可能产生降低交流效率的后果；长期以来，人文学科对自己的科学地位不太自信，因此急于通过模仿非专业读者或听众无法理解的自然科学，来为自己赢得科学资质。

**罗　德**：也许矛盾性问题的根源更深，它来自我们对再现的工作原理的理解。自亚里士多德以降，大多数西方思想家似乎都认为，现实本身具有某种逻辑结构，而自然语言尽其所能（尽管并不完美）地反映了这种结构。然而，环顾四周，我们发现在西方以外很少有人相信这一点。事实上，人们更容易认为语言本身是一种秩序：它不是对现实的模仿，而是叠加在现实之上的某种东西。世界上有成千上万种语言，它们之间的结构性差异如此之大，共同点又如此之少，我们根本无法将它们简化为完全相同的深层结构。在这方面，史蒂芬·平克（Steven Pinker）和他的同事已经做出诸多努力，但都无济于事。这并不意味着我赞同萨丕尔-沃尔夫假说的强势版本——语言决定论[1]。语言未必能预先决定一个人能够感知世界的全部范围，但这并不意味着，语言对人们感知世界毫无影响。事实上，语言确实能够影响我们对世界的感知，有人已经用实验证明了这一点。

保罗·凯（Paul Kay）和威尔莱特·坎普顿（Willet Kempton）找了两组人，分别讲英语和塔拉乌马拉语（墨西哥原住民的语言，不区分蓝色和绿色），并且给他们布置了同样的任务：必须根据颜色将三种芯片（蓝色、深绿色、浅绿色）分成两类。事实上，深绿色在物理意义上更接近蓝色，而这正契合了讲塔拉乌马拉语的墨西哥原住民对颜色的感知方式，但说英语的人把深绿色与浅绿色归为一类，因为两种颜色具有共同的语言

---

[1] 萨丕尔—沃尔夫假说（Sapir-Whorf Hypothesis），又称语言相对论假说（linguistic relativity hypothesis），指一个人所说的特定语言会影响他对现实的思考方式，认为语言有助于塑造人的思维模式和世界观。基于语言对人类的思想和行为的影响程度，萨丕尔—沃尔夫假说发展出了两个版本：强势说（strong version）和弱势说（weak version）。前者强调语言在塑造人类思维的过程中起到了决定性作用；后者略做修正，认为语言影响人的思维，但并不能决定人的思维。

特征，都包含"绿色"一词。[4]语言在人的感知过程中造成的干扰远不止于此，但该实验足以说明，人类语言的缺陷无时无刻不影响着我们感知世界的方式，而且影响的方式多种多样。

不过，你所指出的交流与再现之间本质上的不可通约性，必然使这一问题变得更为复杂。语言就像一个微妙的过滤器，人类通过它来理解世界。我们的世界观从一开始就是残缺不全的，我们还要忙于消弭语言过滤器中渗出的含混性，这会使其变得错上加错。或许这是因为我们希望摒弃内在性（或曰沾染个人偏见的"主观性"），转而追求"客观性"（或曰人类的共同偏见）。然而，只要对交际过程的运作方式稍做了解，我们就会发现，内在性不可避免。克劳德·香农（Claude Shannon）和罗曼·雅各布森（Roman Jakobson）提出的交流模式容易给人留下这样的印象："解码"只是"编码"的镜像过程——两者共享同样的动作，只是顺序相反而已。事实显然并非如此。编码时，我们在自己的内心词典中搜寻适当的符号，来表达我们想要与他人分享的想法或概念结构。通常情况下，我们有一定的选择余地，我们会选择不充分程度最低的那个，因为没有一个词能够完美地表达被个人头脑压缩成一个基本意念的所有事物。解码时，我们必须把这些符号重新转换成概念结构。然而，我们只掌握了组成信息的单个符号，却无从了解说话者是经过怎样的深思熟虑才选择了其中的一个符号而不是其他符号的。而且，自然语言并不严谨，拿摩斯密码来比较的话，它不像摩斯密码那样在某些信号和字母之间建立了对应关系，我们不可能将信息回译为产生它的那些意念，因为我们之间并不共享一个有限的基本意念库。

很抱歉，我花了这么长时间讨论一些基础问题。我只是觉得，这些问题与你和沃特海姆关于科学语言的看法密切相关。科学权威得以确立的一个重要因素，恰恰在于否认内在性，否认我们与生活世界的近身接触。换言之，科学权威的确立有赖于物理主义（physicalism），后者相信一切事物都可以用物理学进行描述。大多数自然科学家都倾向于认同这一假设，只是各自程度不同。

物理主义的弱势版本认为，现实中发生的一切也都可以用物理学来描述。我对此并无异议，但不知何故，相当多的物理主义的支持者渐渐转向了强势得多的立场，认为这种物理描述才是最详尽、最充分的描述。这种观点需要对现实进行重新定义，因为它一旦遇到物理学不足以充分解释的事物，譬如意义的发生机制，就选择视而不见，否定这一现实。在物理主义者看来，意义并不真实；他们解释语言的方式，是通过对人类发音器官产生的空气波动进行精确描述。然而，在我看来，这种做法收效甚微。

我们不妨看一下最抽象的文化语言——音乐，它也具有普遍性。尽管音乐可以记谱，然后根据谱子上的音符重新演奏，但它所包含的信息内容极少。音乐的效果不能简化为音符与其所代表的音型之间的关系。同样的音符，分别由演奏家和初学者演奏，可能会产生迥然不同的效果，尽管两者可能有着相同的音乐形式。我们当然可以从物理主义的角度解释这两种表演之间的差异，却不足以解释为何在一种情况下观众会起立鼓掌致敬，而在另一种情况下观众只是给予礼貌性的鼓励。我想说的是，在每一种使用语言的行为中都蕴含着这样的"音乐"，它不源自悦耳和谐的声音，也不源自完美的音准，而源自无法用任何记谱手段充分记录的部分。

因此，若要将内在性纳入我们的语言观，或许我们不仅要探讨交际，还应该探讨共同体验（co-experiencing），就像维特根斯坦晚期所做的那样。语言行为的成功，并不在于其所传递的信息量最大，而在于参与者的经验最贴合彼此，哪怕只有一瞬间的契合。如果我利用自己的生活经验或已获得的知识等资源来理解某一话语的言说立场，我可能会得出相同的内在结论。当然，我可能完全不同意这一立场，但我已然共同体验了其所言说的一切。我听闻，有些电影导演先让观众观看其电影的消音版本，因为他们认为，只有在没有言语的情况下也能理解，他们的作品才是成功的。

**鲍　曼**：在交际行为中，"内在性"是一种障碍，人们既无法与之交战，又无法将其踢开；它只能在沉默中传递，或者更好的情况是——被否认或无视！为了达成交际任务，我们所使用的语言必须避免与无法理解之物的纠缠，因为这一企图注定失败。所谓无法理解之物，正是你的"内在性"。当我请你递给我一支绿色钢笔时，即使我不知道——也永远不会知道——"绿色"这个声音信号在你的"内在性"中唤起了怎样的意念，我也相信你能满足我的请求。你听到我的呼求时所看到的，与我在发出这一呼求时我的"内在性"所看到的，是相同还是完全不同？好吧，这是一个荒谬的问题，就像问下午5点钟的太阳是什么样子的。感谢上帝或大自然，语言的精明灵巧，使这类问题与交际的成功与否完全无关。正如维特根斯坦那句著名而发人深省的提醒那样，"理解"意味着知道如何继续。

利奇曾经描述的语言策略和精巧设计[1]，既

---

[1] 参见埃德蒙·利奇的 "Anthropological Aspects of Language：Animal Categories and Verbal Abuse" (1964) 和 "Language and Anthropology" (1971) 两篇文章。——作者注

不是亟待纠正的失误，亦非等待清理的历史遗留错误，而是确保语言能够娴熟而高效地完成交际任务的必要条件。譬如拼写和句法中人尽皆知的冗余，乍一看似乎纯属浪费，但仔细观察就会发现，这种冗余不仅不是无用的、非必要的繁复和负担，反而是一种受人欢迎的巧妙发明：即使发件人没能字斟句酌地纠正写作中的拼写和句法错误，这种冗余也能从根本上减少其信息被误读的可能。为了追求交流的适宜性，语言采取多面下注的策略来对冲风险。也的确需要如此。

因此，那些看似引人抱怨的缺陷和弊端，恰恰是值得赞叹的解决办法。对此，我们需要去研究、去觉察，并学会与之长久共存。语言要执行的交际任务，与激发、引导语言的再现活动的某些动机之间的冲突和争论将持续存在。我双手赞成你的论断，即"对人类发音器官产生的空气波动进行精确描述的做法，收效甚微"。我甚至觉得"收效甚微"这个谨慎的说法过于宽容了；我会直截了当地说，这种物理主义语言观"将我们引入歧途"。

**罗　德**：正是如此。假设我是色盲，并且羞于谈论此事。你要我把绿色钢笔递给你，这一请求会让我陷入绝望无助的境地。又或者，我对自己的缺陷耿耿于怀，任何对颜色的提及都是对我的故意羞辱。如果你现在告诉我，这一切绝非你的本意，那么你所指的就是你自己的内在性，但在这种情况下，一方的内在性不应作为反驳的理由，重要的是理解彼此的立场和感受。任何一个简单的请求，都必须在无礼和礼貌之间小心翼翼地保持平衡，既不能无礼到令人厌恶，也不能礼貌到听起来宛如讽刺。因此，即使是递给你绿色钢笔这一简单的请求，也必须依靠共同体验才能生效，而这是无法用理性和中性的语言进行充分解释的。试想一下机械的政治正确所导致的失败吧：将某些词语列为冒犯性词语，然后用更合适的词语取而代之，这样做永远也解决不了问题，因为同样的贬损态度很容易转移到新的表达方式上，以至于用不了多久，这些新的表达方式听起来也变得政治不正确了。

因此，不考虑内在性，就无法真正理解语言。

我想说的是，内在性与外在性之间，并不存在严格的对立或清晰的边界。我们的内在性有一个共同的面向或维度，即它无法用物理主义话语给予充分描述，而这一共性在我们使用语言时始终在起作用。

然而，这并不是说，共同体验必然会使人们产生共同的价值观或理念。恰恰相反，共同体验可能会造成不可调和的冲突。针对这一情形，我们不妨这样来描述共同体验：它打开了我们的交流渠道，同时让我们体验自己与交流对象的局限性。于是，在交流过程中，类似于伽达默尔所描述的"视界融合"发生了[5]，哪怕只是短暂一瞬。这一瞬间的融合体验，让我们在面对来自外部意想不到的事物时，变得更加脆弱，同时它也迫使我们质疑自己此时此地的存在。这种共同体验的真实性，既不在于其戏剧性，也不在于其挑衅性。有些时候，不假思索地遵从规范也会令人深感不安——例如，当西方人看到一位穆斯林女性，我们作为局外人，总觉得她的某些行为是外界强加给她的，是违背她个人意愿的，于是按照西方的

规范给予她打破这些刻板行为的机会，她这时会
显得不知所措。或者，当一个聪明的士兵服从上
面下达的愚蠢命令时，他也会体验到一种无法调
和的冲突。甚至可以说，我无法理解别人想告诉
我的任何事情，除非我的内在性对这个人形成了
一个初步的且不可避免的误读的印象。

鲍　曼：你所说的请求色盲者传递绿色钢笔
的寓言故事，将我们从一元内在性的黑暗宇宙，
引向这些内在性之间的肉身相遇。马丁·布伯[1]
曾经区分了两种相遇：一是真正的相遇（Begeg-
nung）；二是失败的相遇，或曰"错遇"（Vergeg-
nung）。前者能够引发相遇对象之间的对话，而后
者则无法引发对话。我首先是一名社会学家，勉
强算作一名哲学家，我的兴趣点主要在于社会环

---

[1]　马丁·布伯（Martin Buber, 1878—1965），奥地利哲学家、
　　翻译家、教育家，以其存在主义式的对话哲学而闻名。著有
　　《我与你》《人与人》《关乎人的知识》《论犹太教》等。他的
　　作品主要围绕人际关系展开，将以"存在"为重心的西方文
　　化思想，转向"关系"这一新的重心。他认为，语言交流表
　　达了人类存在的人际性质。

境（social settings），而非试图探索本质上深不可测、难以捉摸的"内在性"；社会环境提高了其中一种（而非另一种）替代选择发生的可能性。正如《纽约时报》专栏作家查尔斯·布洛（Charles M. Blow）在撰写有关美国政治辩论中日益加深的分歧的文章时所阐述的那样，美国人所面临的替代选择——无论如何都要在它们之间做出选择——如下：

> 无论好坏，我们都是一个两党制国家，我坚信一个健康的、以理念为导向的反对派有助于每个人保持诚实。如果我们对政府的规模和作用存在分歧，那就让我们展开辩论吧。如果我们对美国在帮助解决世界争端中所应扮演的角色存在分歧，那就让我们展开辩论吧。如果我们对启动经济的最佳方式，以及如何为我们的孩子做最充分的准备、如何修复我们支离破碎的移民制度或调整我们的税收制度等存在分歧，那就让我们展开辩论吧。但是，当辩论演变为充满仇恨的谩

骂——来自种族主义者、厌女者、恐同者等，它就不再是健康而富有成效的了，反而会挖出我们过去最糟糕的一面（这一面至今可能依然存在）。[6]

谈及演变为"充满仇恨的谩骂"的那场辩论，布洛专门列举了最近发生的一件令人作呕的事。一个名叫泰德·纽金特（Ted Nugent）的人，将时任美国总统的巴拉克·奥巴马描述为"次等人类杂种"。布洛指出，"次等人类"（subhuman）是纳粹分子对犹太人的描述；"杂种"（Mongrel）既可以追溯至同样种族主义意味十足的纳粹词语"混血"（Mischling），也可以追溯到殖民时期的侮辱词语"半种姓"（half-caste），不过现在它已经被反黑人的沙文主义词汇完全同化吸收了。这就是美国，它对"床下隐藏的赤色分子"有着根深蒂固的恐惧。在纽金特义愤填膺的谴责中，某些修饰语起着一锤定音的作用，它宣判被如此描述之人不适合作为交谈对象，从而将其排除在辩论之外。"充满仇恨的谩骂"在言语中起着"客套话"

（马林诺夫斯基的术语）或"以言成事"（约翰·奥斯汀的术语）的功用，其所传达的是说话者的意图或决心，即防止最终的相遇变成一次真正的相遇；或传达出讲话者拒绝进入对话的意图或决心，并将拒绝的责任推卸给对方，指责对方作为交谈对象缺乏胜任能力和主体性。

教皇方济各（Pope Francis）提供了一个与纽金特之流的策略完全相反的例子。他升任教皇后接受的首次采访，是与欧金尼奥·斯卡尔法里（Eugenio Scalfari）进行的对谈，采访内容刊登在意大利日报《共和国报》上。此事的特别之处在于，这位采访者在公开场合以"天主教培养的无神论者"的形象出现，而《共和国报》以其一贯的反教权立场而闻名。这一姿态所传达的信息再清楚不过了：对话是对人类现存多样性的恰当回应，也契合了人类相互依存和共栖这一理想模式；它意味着我们要与持有不同于自己的观点和信念的人交谈，而囿于同温层内部的对话，并不是真正的对话。对话的意图绝非击败异己，而是相互理解，共同努力，制定出一个互利互惠、求同存异的权宜之计。这里，教皇方济各的做法似乎遵循了理查德·桑内特[1]所建议的那种对话模式，保持对话的非正式性、开放性、合作性：所谓"非正式性"，即开始时没有先验的固定的程序规则，而是允许这些规则在对话过程中出现并接受检验；所谓"开放性"，即当参与者进入对话时，已经准备好被证伪的可能性，并随时准备纠正自己最初持有的信念；所谓"合作性"，即对话的目的不是把参与者分成赢家和输家，而是丰富所有人的阅历，提高他们的理解力和智识水平。

现如今，自我拥有多重、多变的身份，不同自我之间相互依赖，故而难以对这些自我的共存做出清晰明确的界定和说明。在这种情形下，我认为社会环境至关重要。有的社会环境有利于对话的展开，而有的则阻塞对话的展开。目前看来，

---

[1] 理查德·桑内特（Richard Sennett, 1943— ），著名社会学家、思想家，现任伦敦政治经济学院社会学教授、哥伦比亚大学资本主义与社会中心高级研究员。主要研究城市中的社会关系，以及现代世界中城市生活对个人的影响。著有《公共人的衰落》《肉体与石头》《新资本主义的文化》《无序的用处》等。

后者似乎正占上风。我们经常看到对话的破裂与停滞，而极少见到对话的积极展开与认真落实。人们越来越倾向于建造独具一格的"回声室"或"镜厅"。在回声室里交流，人们所能听到的唯一声音是自己的回声；在镜厅里交流，人们所能看到的唯一景象是自己的面容映在镜中的镜像。

**罗　德**：这就引出了一系列与之密切相关的问题，即我们语言自我的"外在"面向，或者说，我们使用语言的方式给别人呈现了怎样的自我。我们语言的内在性，是意义世界在我们身上的发生之地，而我们存在的言语外在，主要是在并非由我们自己创造的条件下发生的，两者之间存在着一条无法逾越的鸿沟。我们所做的每一件事都会受到这一断裂的影响。当我伸手从盘子里拿起倒数第二块蛋糕时，我自己和其他人对这一举动及其背后的意图有着不同的看法。但言说（speaking）是特殊的，至少有三点原因。首先，言说是我们自我表达的主要方式，它使我们能够以最大的精确度涵盖最大范围的语义以及感觉的细微差别（它幸而仍旧达不到自然科学所希望的精确度）；其次，与小提琴演奏或花样滑冰不同，言语（speech）作为一种自我表达的方式几乎为每个人所共有；最后，言语乃至言语之间的细微差别都可以用元语言来标记和描述，这些元语言对于描述者描述叙述目的来说已经足够详细，而且大多不会复杂到无法掌握的程度。我当然不必借助语言学的专业术语，向一个孩子解释什么是讽刺，或解释礼貌的发生机制——但如果我借助语言学的专业术语，我的解释就可以涵盖更多内容，几乎可以无所不包。这也是系统语言学家罗曼·雅各布森和叛逆的人类学家克洛德·列维-斯特劳斯之间的友谊如此富有滋养和影响力的原因：语言结构为人类文化所包含的所有意义生成活动——包括社会结构的概念化——提供了最适用的模型。正是在这个意义上，我们领悟了罗兰·巴特所论及的"服素"（vestemes），即服装语言中承载意义的最小单位，它可以帮助我们解释为什么在某些场合需要穿某种服装，或者当人们在几种服装之间做出选择时，选择某种风格的服装可以表达什么样的自我。[7]

"表达什么样的自我"，实际上就是自我的"语言外在性"（linguistic externality）发挥作用的地方。一方面，我们必须意识到自己所说的话会被他人做何解读，并尽量小心谨慎，不说无心之言；另一方面，在大多数情况下，我们能够有意识地在多种自我表达方式之间做出选择。不过，这个选择范围比我们通常妄想的更小，而且选择使用某种自我表达会违反一些不成文的规定。否则，我们就很难解释为什么大多数人选择模仿一种言说模式，而不是创造自己的言说模式。于是，我们在节庆活动中总能听到长篇大论的庄严演讲——其实，演讲者自己也不想说得这般冗长严肃，听众也不愿听这类演讲。在与友好的半陌生人交谈时，我们总能听到不同的人在不同的场合重复着几乎相同的闲聊。

在我看来，这也是你定义的对话所面临的最大障碍之一。人们在讲话的时候，多半不是从自己的内心出发，而是从自己预先设定的言说立场出发，无论是朋克摇滚乐手、神父、推销员、左翼知识分子、政治家、心理医生，还是脱口秀喜剧演员，莫不如此。因为这样一来，进一步的谈话就容易多了。当然，从推动社交进程的角度来看，持有不同言说立场的讲话者之间的对话同样有意义，正如你上文提到的教宗与左翼知识分子之间的对话那样。通过这一对话行为，教皇实际上成功改变了他的神职所预设的言说立场，这是令人钦佩的。然而，教皇恐怕仍旧只能在一个相当受限的选择范围内做出改变。原因在于，如果他的行为完全不可预测，他就会失去自己及其所代表之物的可信度。在我的一生中，我见过很多人因为承诺自己有能力改变现状而被选为公职人员，但他们很快就开始按照体制所期望的方式说话做事，而这样的体制正是他们最初致力于改变的。这就是体制的运作方式：你若不采取体制内的正确行动立场，体制就不会对你的行动做出反应，而如果你真的采取了，你就再也无法行动了。

但这又引出了一个有趣的问题。在我看来，采取强加给你的言说立场，是对自己的暴力行为——你若对此立场不加批判，就更是如此。这是压迫与奴役得逞的前提条件。这也正是斯皮瓦克（Gayatri Spivak）在她的开创性文章《庶民能说话吗?》（1988 年）中所挑战的东西。据她的观点，我们应该做的是摆脱——至少要自觉地抵御——任何时刻加诸我们言语上的外部环境。如若不然，布伯意义上的真正的思想交锋就很难实现，于是我们只会重复谈话指南中写好的脚本，向彼此说些悦耳而无益的空话。可是，万一这种脚本的可得性和执行性有更深层次的原因呢? 它们之所以存在，也许是因为若非如此，就会有太多的泰德·纽金特之流四处流窜，悖言乱辞，让我们的公共空间充满仇恨，把侮辱他人变为一种常态，不是吗? 毕竟，教皇也选择了一位受过良好教育的知识分子，而不是一个投掷石块的激进分子来进行对话。然而，这些好战的激进分子不也是启蒙运动及其解放全人类这一结构性承诺的产物吗?

**鲍　曼**：你在上文着重强调："我们语言的内在性，是意义世界在我们身上的发生之地，而我

们存在的言语外在，主要是在并非由我们自己创
造的条件下发生的，两者之间存在着一条无法逾
越的鸿沟。"你对两者之间的鸿沟着墨颇多，它在
你的字里行间呼之欲出。这一鸿沟来自外部环境
加诸我们身上的压力，后者影响我们内在自我的
状态、立场和价值偏好的形成，也影响我们与他
人交流这些状态、立场和价值偏好的方式。换言之，
作为语言交流的发生地，外在性（externality）是一
片泥泞的土地，倘若不借助于现成的、随时可用
的行走工具，我们就无法安全前行，到达预定的
目的地。你说的这些，我都完全同意，但我的疑
虑在于，你显然选择了上述"事实"（即必须面对
僵化的外在性，并向其种种"必须"妥协），将其
视为"自我的相遇"（meeting of selves）所受到的
最重要乃至唯一的限制。假如我们不必面对来自
外部的困境，我们对"内心"（interior）的内容和
立场有着充分的认知，对自我会说些什么也有充
分的了解，那么情况的确如此。换言之，一个本
真而自足的"自我"确实存在，它只因外部压力
而无法坦率、准确、自由地说出自己的想法。然

而，我认为这些假设条件几乎从未被满足过。

人们普遍认为，"本真自我"（authentic self）的存在先于它的话语表达。这种自我观念是一种现代发明，我认为它衍生于"民族"这一更为基本的现代产物。民族作为一种现代观念，被人视为"天然区隔"、自我封闭的，聚居于拥有合法主权的领土上的族群共同体；可在我看来，现代民族观念是一种背离，它可以被描述为从 1555 年《奥格斯堡宗教和约》中宣布的"教随君定"原则[1]，至 300 年后（1848 年"民族之春"前后）取而代之的"民随君定"[2]原则中的一个阶段。"本真自我"被视为一种天然现象，一种预先被定义、预先被决定且先于语言的现象。它先于所有对其进行语言表达的尝试，是一种不受任何外部

---

[1]　"教随君定"（拉丁语：cuius regio, eius religio），又译"教随国立"，直译为"是谁的国土，就信谁的宗教"。这是 1555 年的《奥格斯堡宗教和约》中确立的政策，根据这份法律文件，在世俗国家中，由诸侯国的君王来决定该国臣民的宗教信仰。

[2]　"民随君定"（拉丁语：cuius regio, eius natio），意为国民身份取决于统治者：统治者是哪个民族的，臣民就是哪个民族的。

干预的文化、心理实体，并坚决抵制来自法律和
政策的外部压力。在一个独立的主权国家，"本真
自我"观念对于维护其民族独立自主这一政治原
则不可或缺。刚才我说，现代民族观念是对古早
民族观念的背离，由此产生的附带影响是，用理
查德·桑内特的话说，19 世纪的民族主义确立了
"我们所谓的现代身份认同的基本原则。当你没有
意识到自己'拥有'身份时，你就已经拥有了最
强烈的身份认同；你就是身份本身。也就是说，
当你对自己的身份毫无觉察时，你就是最真实的
自己"[8]。

不过，我建议我们仔细读一下费尔南多·佩
索阿在《不安之书》（1991 年）中的论述。这本书
别具一格，采用的是印象主义式的、富有诗意的
写作风格。我们从他最尖锐的观察开始。他对
"内在"和"外在"之间的清晰区分提出了严肃
的，乃至根本性的疑问：

> 我们每个人都不只是一个人，而是许多
> 人，是一个自我的增殖……在我们存在的广

衮大地上，聚居着形形色色的人，每个人的思想和情感都各不相同。[9]

我们周围的一切都成为我们自身的一部分，随着我们肉体和生命的每一次体验而渗入我们的身体，就像大蜘蛛的网一样，将我们与近在咫尺的事物巧妙地捆绑在一起，使我们陷入缓慢死亡的脆弱摇篮中，在风中摇摇欲坠。万物即我们，我们即万物。[10]

由此而来的自我，绝不是一个清晰透明、结构规整的整体；它不可以被分解、重组，也无法被全面清点、合理重建："我的灵魂是一支隐秘的乐团，但我不知道是什么乐器在其内弹拨敲打——弦乐器、竖琴、钹、鼓？我只知道，我听到的是万物交响。"[11]佩索阿最后说道：

我的灵魂是一个黑色的漩涡，是围绕着真空旋转的巨大疯狂，是围绕着虚空中的一个洞眼旋转的汪洋大海，在与其说是水，不如说是旋风的水面上，漂浮着我在这个世界

上所见或所闻的所有影像：房屋、面孔、书
籍、箱子、音乐片段和声音碎片，所有这些
都卷入了一个险恶的无底漩涡。

而我，我自己，是一切的中心，我的存
在只是因为深渊的几何结构需要它；我是虚
空，万物围绕着我旋转，我的存在是为了让
万物能够旋转；我是一个中心，我的存在只
是因为每个圆都有一个中心。[12]

坦白地说：那个名为"我自己"的"中心"是理
性在非逻辑中寻求逻辑、在混乱中寻求秩序的一
个假设；正如佩索阿所言，"自我"是一种几何虚
构，是理性孕育出的建构，用于复述无法用通俗
易懂的故事来讲述的疯狂。我们画出边界线，将
无法被囊括的整体切割成可以处理的碎片，再将
这些碎片组成序列和图案——但是，所有这些熙
熙攘攘和心潮澎湃，会让我们更接近那一漩涡和
旋风的真相吗？还是反而会掩盖真相？

我想，我们困惑的根源在于这样一个事实
（请允许我再次使用同样的比喻）：我们——有着

完备的身体和灵魂的每一个人——是小提琴，也是演奏小提琴的小提琴家，还是有能力判断音质的听众。不消说，我们不是独奏家，而是交响乐团的成员。这个乐团大部分时间在没有乐谱和指挥的情况下演出——交响乐团喻指我们的"社会"。佩索阿称，"文学想象力的最大谬误"，是"认为别人和我们一样，因此他们的感觉也必须和我们一样"。他补充道："幸运的是，每个人都只是他自己，唯有天才才有能力成为他人。"[13] 他的这番关于自我的阐述，使本已晦涩难懂的想象迷雾变得更为浓厚。不过，佩索阿一定知道自己在说什么，因为他自己成功地验证了这一论断，验证的方法就是创造"异名"（总共有 72 个！）：用不同的姓名创作不同的诗，每个名字都代表一个有自己独特风格、历史和个性的人。《不安之书》就是用贝尔纳多·苏亚雷斯（Bernardo Soares）这一笔名写就的，佩索阿称他是"我人格的残缺"。

**罗　德**：很高兴你提到了这一点。我是最不可能断言自我存在同一性的人，更不可能断言笛卡尔式永恒主体的存在，不论这一主体是否以自己的方式与世界互动。这就是为什么我谈论的是"内在性"，而不是主体性。别人的内在性是读心者声称能够进入的，从这个意义上说，它与我的外在是分开的。然而，内在性并不是一个"内在的自我"。内在性最好被构想为"自我"发生的空间，以及自我发生的过程。这个自我的确是一部交响乐（在最坏的情况下，是刺耳的嘈杂声）——正如我前文谈到的语言中的"音乐"，它是语言中无法用物理主义方式来描述的那部分，在我们所想、所说、所做的每一件事中，都有这样的音乐元素。可以说，我们每个人的内在性都有不同的声效。想一想你在脑海中听到自己的声音的体验，以及你从录音中听到自己的声音的体验。前者是声音的内在表现，后者是声音的外在表现，两者的音质不同；我个人认为，录音远不如内在声音听起来那么悦耳。尽管如此，那些爱你又爱你的声音的人，只能爱你从录音中听到的那种并不悦耳的声音。这就是两者的鸿沟所在。任何自我表达与对自我表达的诠释之间，都存在着这样的鸿沟，这就是言语的发生之地。

除了费尔南多·佩索阿，还有谁能让我们想起这一点呢？他的名字（Pessoa）在葡语中是"人"的意思，而且他有这么多"异名"化身：性格迥异的诗人共栖于他的内心，每位诗人都有自己独特的声音。其实，我们每个人的内心都有巴赫金式的众声喧哗，只不过佩索阿比大多数人听得更仔细罢了。

我再举一个例子。在詹姆斯·乔伊斯的短篇小说集《都柏林人》中，有一篇名为《何其相似》（"Counterparts"）的短篇小说，令人印象尤为深刻。故事中，我们看到的主人公法林顿（Farrington）是一个弱者，一个受辱的职员，被他的老板辱骂——平心而论，辱骂并非毫无道理，但我们仍然很同情他。不出所料，法林顿下班后去了酒馆，在朋友的陪伴下度过这一天，最后回到家；家中的他将自己变形为一个野蛮人，一个名副其实的怪物，他追逐着他的儿子，后者在惊慌失措中答应为他祷念"万福玛利亚"。乔伊斯的天才之处在于，他在我们眼皮底下把一个人从受害者变成了压迫者，把我们悄然从一个极端带到另一个极端。我还记得，当年第一次读到这个故事时，这出乎意料的转变令我大为震惊，但我不得不承认，乔伊斯的叙事进程天衣无缝，读者不可能精确地指出这种转变发生的确切时刻。

我之所以这样说，是因为在整个过程中，法林顿的内在性并没有发生改变，尽管在故事的结尾，他在我们面前已然是一个完全不同的人，一个与最初呈现的自我相对立的人。这正是鸿沟始终存在的原因：这里没有严格的对应关系。在我们这些读者和局外人看来，法林顿持续不断的内在进程在不同时刻表现为人类行为的两个极端——然而，在他自己看来，这两个时刻的他都是自己。

# 表演自我

## 效仿与创造：在异质的大众面前，如何展示自我

**罗　德**：不久前，你提到了一个重要话题：社会环境与自我的关系。它涉及社会环境如何凸显自我的某些方面，弱化自我的其他方面。在这个语境下，我们或许应该谈一谈社会表演（social performance），而不是自我表达，即如何把内在性尽量原原本本地展现给外界这类议题。自欧文·戈夫曼[1] 1959年的开创性著作《日常生活中的自我呈现》发表以来，社会性的"我"（I）的涌现便被人断断续续地分析为一个类似于表演的过程。

---

[1] 欧文·戈夫曼（Erving Goffman，1922—1982），加拿大裔美国社会学家，美国社会学协会第73任主席。他的研究兴趣包括日常生活社会学、社会关系、社会建构主义、社会组织、社会污名等。著有《日常生活中的自我呈现》《污名：受损身份管理札记》等。他的理论深刻影响了符号互动论的发展，开启了戏剧论的研究路径，曾被誉为"20世纪最具影响力的美国社会学家"。

而最近，在杰弗里·亚历山大[1]（2006 年）的影响下，这一观点再次获得了更多人的支持。的确，将与观众的互动纳入我们看待自我的视角中，也许会更富有成效。事实上，任何自我都是在内在性的边界上产生并不断被重塑的，它每时每刻都纠缠于多重关系之中——其中有些关系已成过去，有些依然存在；有些是有意识的，有些是无意识的；有些是敌对的，而有些则相互依存；有些是至高无上的，而有些只是顺势形成与消解的。所谓自我的多重关系，指的是自我与他人的关系；准确而言，指的是自我与他人言行的关系；再确切一点，指的是自我与自我对他人言行含义的理解的关系。从这个意义上讲，一个人的自我表达是面向他者的，自我的产生必然涉及与所有重要他者的协商；每当有什么地方出了差错，他就会不断纠正自己的行为。战略、博弈、进攻、演习。有时候，这个游戏似乎比它所包含的内容更真实。

---

[ 1 ]　杰弗里·查尔斯·亚历山大（Jeffrey Charles Alexander，1947—　），美国著名社会学家，新功能主义学派的代表人物。著有《社会学的理论逻辑》《社会生活的意义》等。

鲍　曼：曾有人写过这样的话：当 A 和 B 两人交谈时，有六个人参与其中：除了 A 和 B，还有 A 对 B 的印象、B 对 A 的印象，以及 A 对 B 对 A 的印象之印象、B 对 A 对 B 的印象之印象。哎，我忘记这是谁写的了，但很多年前，我就觉得这个观点非常准确中肯。你给这幅令人震惊又简单明了的自我"基本粒子"图，合理地增添了不少复杂性。自我的"基本粒子"已经包含了独立自主的主体之间的相遇，而你在二元关系中引入了第三个主体，使自我的内涵变得更加复杂。观众这个"第三者"的出现，削弱并污染了列维纳斯笔下的"自我与他者的道德结构"的原始纯真[1]；在齐美尔[1]笔下，这个"第三者"因其"无私性"而造成的"客体化"影响，"剥夺了主体之间相互冲突的诉求背后的情感维度"，同时也为规范、法律、伦理规则和法庭扫清了障碍。[2]另外，你始终认为，自我形成（和再形成！）的自然栖息

---

[1] 格奥尔格·齐美尔（Georg Simmel，1858—1918），德国社会学家、哲学家。他并未发展出系统性的社会学理论，但他针对现代社会生活所做的精辟论述，在社会学领域产生了深远的影响。著作有《货币哲学》《社会学》等。

地是"与观众的互动";自我的形成不是无人伴奏的独奏表演,更不是精神上的自我解剖。

然而,"观众"由什么构成,又是如何产生的呢?乔治·赫伯特·米德[1]曾写道,"重要他者"在"我"的形成中扮演着重要角色,它们提供了"我"(觉得自己)必须考虑的模式——"我"要么屈服于这种模式,要么与之发生冲突和搏斗。³这是自我与他者进行互动的另一种"基本细胞"(elementary cell)模式。作为自我形成的互动模式,它试图掌控自我的动力机制,其所存在的社会在形态上明显有别于当代常见的人类团结形式:它是一个以社区社会而非网络社会为基准、以生活在"线性"时间而非"点状"时间中的个人为基准而建立的模式,它面向的是物理位置临近的独立区域,而非如今的电子"信息高速公路";另外,它是一个以自我的"本真性"而非灵活性为目标的社会化模式。总而言之,这种模式无法解

---

[1] 乔治·赫伯特·米德(George Herbert Mead,1863—1931),美国哲学家、社会学家、心理学家,符号互动论的奠基人之一,对后来的芝加哥社会学派产生了重要影响。著有《心灵、自我与社会》《现在的哲学》等。

释你所说的自我"每时每刻都纠缠于多重关系之中"（容我补充一句：这其中的大多数关系都处于流动的、短暂的、可撤销的、"直至另行通知"的状态，因此分外惹人注目）。在当今这个多中心、解除管制、支离破碎、流动的生活世界里，我们要想对自我的动力机制进行研究，应该把"自我被卷入多重关系"这一事实置于中心位置。

除了生活环境在形态上的改变，还有另一种类似的新现象，即新的媒介是一种新的讯息（援引马歇尔·麦克卢汉[1]的观点）。如今，我们清醒的时间被划分为线上和线下，前者所占的比例稳步上升，而后者所占的比例则有所下降。这两个世界差别很大，因此我们有理由相信，它们对自我形成和自我改造过程的影响也会大不相同。它们所发出的信号和所诱发的策略并不完全一致，在某些方面甚至是相互对立的。

---

[1] 赫伯特·马歇尔·麦克卢汉（Herbert Marshall McLuhan，1911—1980），20世纪原创媒介理论家，思想家。他是现代传播理论的奠基者，"媒介即讯息"这一观点深刻影响了人类对媒体的认知。他预言了互联网的诞生，并创造了"地球村"一词。著有《理解媒介：论人的延伸》等。

两个世界最显著的区别，在于自我与观众互动的舒适度和便利性，而这可能也是网上交流成功取代面对面交流，并获得急剧扩张的最主要原因。米德所说的在宾格的"我"（me）与主格的"我"（I）之间的协商，以及自我为了获得其所渴求的社会认可而付出的劳动，已在网络上被简化、便利化到面目全非的程度。这是因为，它们在线下世界中少不了妥协和屈服，而在线上世界，这些妥协和屈服即使不能完全避免，也会被尽可能地减少——毕竟，人们可以快速、便捷、轻松地接入和退出网络。在线上世界，如果协商过于困难，附加条件过于苛刻，以致超出了自我的喜好或承受能力，那么自我还可以申请加入许多其他"网络"。与之形成鲜明对比的是，线下流程旷日持久、烦琐棘手。

此外，还有一种选择，即同时维系你所指向的"多重关系"。现实中，这样的选择越来越流行，人们普遍处于多重关系之中。每一重关系都需要一个不太一样的，有时甚至是完全不同的自我，至少是完全不同的自我呈现。其结果是，自我不再具有连贯性和一致性，而这一假设曾是自我形成所提出的最严格、最难应对的要求。互联网用户面对的不再是"当众（in public）展示自我"的问题，而是"在异质的大众面前（in publics）展示自我"的问题。这一重大变化使网民的任务变得更加繁复，同时也为其提供了极大的便利。在网络上，自我形塑、自我展示和自我协商的过程，没有了那些最令人不安的风险。网民的赌注是可以对冲的，事实也确实如此，即使结果好坏参半。

简而言之，自我的动力机制问题，似乎正在从认知和道德领域，转向审美界域。[4]

**罗　德**：关于观众的构成问题，你提得很好，说得也很对：大多数时候，观众都是异质的。学生在听完教授的讲座后举手提问，他既意识到教授的存在，同时也一定意识到了同学的存在，对这两种观众有着同等程度的觉察。在一些国家，无人提问是因为没有人希望自己看起来像个傻瓜；而在另一些国家则有很多人提问，正是出于同样的原因——不提问，才会使自己看起来像个傻瓜。
不过，在这两种情形下，重要的不是同学们的实
际期望，而是行动的自我（或表演的自我）对这
些期望的想法——正如你所说的，A 对 B 对 A 的
印象的印象。这并不是说 A 不想挑战、操纵这一
印象，事实恰恰相反。这就好比舞台或银幕演出，
演员表演的精彩之处主要来自他所带给我们的出
乎意料的感受。我想说的是，成功而令人信服的
自我展示，既能符合受众所期待的印象，又能对
这些印象进行挑战，给观众带来不一样的感受。
弗里德里希·施莱尔马赫[1]曾将所有的文本分为
三种：形式上具有创造性的古典文本、思想上具
有创新性的原创文本、同时兼具这两种特性的天
才文本。5 大多数文本属于前两类，因为它们更具
功能性，为其读者提供了清晰而含蓄的阅读指南。
显然，这也是天才通常容易被误解的原因。但是，
自我展示不也同样如此吗？它们要么符合某种可

---

[1] 弗里德里希·施莱尔马赫（Friedrich Daniel Ernst Schleier-
macher, 1768—1834），德国 19 世纪神学家、哲学家，深受
康德哲学和德国浪漫主义的影响。著有《论宗教》《基督教
伦理学导论》等作品。

预期的行为模式，以便使人易于接受其欲表达的
内容；要么不符合这种模式，这就迫使观众寻找
一把钥匙，一个解读这种另类的自我展示的密码。
然而，在当代社会，这种难以捉摸的自我呈现行
为大都已经被分类和编码。例如，当一位艺术家
穿着华丽，或者一位诗人在公共场合酩酊大醉时，
他们不仅没有挑战公认的规范，而是在确认这一
规范。用施莱尔马赫的话说，你可以是古典文本，
也可以是原创文本，但你无法成为天才文本，这
里没有天才的空间。长久以来，那些想要"与众
不同"的人不得不在连锁店购买衣服。很大程度
上，个体性已沦为在不同品牌之间做出选择的问
题。品牌（brand）一词很有意思，它的本义是牛
身上的烙印，用以区分不同主人的牲畜。现在，
穿戴品牌令人自豪，且花费不菲，同时也让穿戴
者在同侪面前变得"可读"。

**鲍　曼**：施莱尔马赫笔下的"天才"，正如卡
夫卡笔下的"弥赛亚"，"在他抵达的第二天才降
临"。这意味着，他们或是事后才被承认为天才和

救世主的，或是彻底没有机会获得这样的殊荣。
遵循常规意味着隐匿，意味着"隐藏在光中"，宛
如海德格尔式的"芸芸众生"（das Man），或萨特
式的"人们"（l'on）。但打破常规只能获得黑若斯
达特斯[1]式的负面关注；即便不是哗众取宠，除
了虔诚的摩尼教徒，没有人会把一个没事找事、
打破常规的人唤作"天才"，更不会唤作"弥赛
亚"。在我看来，"被误解的天才"这一说法听起
来像是正确的废话，因为天才总是要被误解的，
除非你给这种误解加上"暂时的""迄今"或"直
到另行通知"之类的限定词。一个人进行"创新"
和"原创"的方式虽多，但大多数都被证明是死
胡同、假曙光、坏策略。哪一种原创是天才的标
志，哪一种不过是司空见惯的失误，都是事后所
做的回顾性判断，而且这一裁断及其最终的修正
都没有时间限制。一个孤僻怪人开创的新模式，
首先需要转化为一套常规程序，这位怪人才能穿

---

[1] 黑若斯达特斯（Herostratus），公元前 4 世纪的古希腊青年。
为了成为历史名人，他纵火烧毁了位于土耳其以弗所的世界
七大奇迹之一的阿耳忒弥斯神殿，最终声名狼藉。西方人用
他的名字描述那些为了出名不择手段的人。

过为"先驱""先行者""开拓者""拓荒者"乃至"先知"预留的大门，最终登堂入室，进入"天才"的行列。

你刚才准确地察觉到，人们现在对施莱尔马赫的前两种文本的区分，主要基于概念推演而非社会实践。我们这个时代的特点是：一方面，灵活性和脆弱性不断增加，人们对常规程序的寿命预期不断缩短；另一方面，打破常规的行为被法典化、标准化。齐美尔第一个预言到，这些相互关联的进程会在当今社会达到高潮。他坚信，对于世界各地的人类来说，"相似性，无论作为事实，还是作为趋势，其重要程度都不亚于差异性。两者以极为多样的形式，成为所有外在发展和内在发展的重要原则。事实上，人类文化史可以被看作相似性和差异性之间斗争与和解的历史"[6]。齐美尔认为，时尚实践中存在两股势均力敌的推力，一种是联合（joining up），另一种是标异（standing out）；他对时尚所做的开创性研究，向我们展示了这两种力量的冲突是如何通过一轮又一轮短暂的停战得以中止的。

我们生活在流动的现代世界中，里面满是被消费主义市场牵着走的消费者。在这样的世界里，短暂的停火之后便是短暂的合作，这已成为一种常态。实际上，人们甚至消除了"归属"（belonging）和"脱离"（breaking out）之间的敌对状态。无论是在模式设定者的圈子里，还是在追随模式的群众中，"归属"取决于是否随时做好了"脱离"的准备并具备"脱离"的能力。顺应不断变化的时尚潮流，并迅速跟上它们的脚步，同时满足了人们对相似性和差异性的需求，两者由此得到调和。但吊诡的是，相似性和差异性之间持续存在的紧张关系，是它们共栖模式不可或缺的特征。

**罗　德**：哎呀，我的意思其实并非如此。尽管文化产业努力将非凡之物标准化，但是无论潮流如何迅速迭代，人们对非凡之物的向往却并未消失。我认为，我们在网上进行自我表演之时，必须牢记这一点。线下的自我，总是由诸多我几乎无法左右的因素预先决定的，譬如我的年龄、性别、我有限的经济能力；线下自我的成功与否取决于与非常特定的受众——此时此地与我同在的人们——的相遇。大卫·福斯特·华莱士[1]曾提出过"可看性"（watchableness）这个术语，意为"真正有生命力的人所具备的最重要的品质"7，他认为这是视觉成功的最终前提；即使通过上电视而为人所知，为了实现自我的"可看性"，我必须对自己进行调整和改造，其程度有时超出了我的能力范围。相比之下，我的网络自我能更充分地体现我自己的意愿和我自己的印象。毋庸置疑，它们并不是在一片空白中形成的，而是反映了周遭世界的理想和观念。例如，社交网络上充斥着自以为"性感"的照片，有些是发帖人的"自拍照"，有些则是作为讽刺图片流传的，这些照片其实可悲又可笑。我们恰恰可以在"性感"标准失败的地方，而不是在它被成功运用并得以自然化，以致其自发性被隐蔽的地方，感受到它毫无人性

---

[1] 大卫·福斯特·华莱士（David Foster Wallace, 1962—2008），美国小说家。在与抑郁症斗争多年后，他于2008年自杀身亡，享年46岁。他的小说《无尽的玩笑》（*Infinite Jest*）被《时代》评选为1923年至2005年间最伟大的100本英语小说之一。

的特征。尽管如此，较之线下的现实，我所建构的网络替身为我提供了更多可能性。我可以幻化为我想成为的任何人。它可能是我线下生活的升级版，也可能是一个完全虚构的角色，抑或是介于两者之间、以我所希望的方式呈现的形象。换言之，我在网上可以构建一个真正的德勒兹式的"无器官身体"（body without organs）。我是发布帖子的人，但我成了我所发布的内容。

**鲍　曼**：的确如此，因为我有理由相信，这种"成为"已经发生了——这要归功于网络世界提供的额外设施。我所谓的设施，就是前面提到的"回声室"或"镜厅"，这些是为线下世界所拒斥的。在网络世界里，我可以为自己开辟一方小天地，它被密不透风的墙壁包围着，我在它的庇护中感到自由和安全，这在线下世界里是不可想象的壮举。在网络世界，我觉得自己能够完全地、真正地掌控对自我的选择，包括自我的装备、展示方式和社会接受度。我只需一个"删除"键或"退出"键，就能完成这一壮举。

让-克洛德·考夫曼[1]曾对这种环境给人带来的心理影响做出总结:"一个备有鼠标的人,想象自己能够完全地、绝对地掌控他的社交活动……所有常见的障碍似乎都消失了,一个充满无限可能的世界展现在眼前……网络上的〔女人或男人〕就像一个在糖果店里放纵的孩子。"8

**罗  德**:但这真的成问题吗?或许,我们应该将之视为人类解放进程的又一步,社会已经从僵化的阶级制度演变为一个以功绩为基础、由个体构成的社区,它比以往任何时候都要平等。我们当下正处于信息技术时代,它与前计算机时代的关系,就好比家具齐全的城市公寓与外面有旱厕、所有家务活都由手工完成的传统农舍的关系。手工馅饼的味道固然更好,但为其付出的劳烦真的值得吗?烘焙手工馅饼的家庭主妇们,值得为此放弃自己的职业吗?也许我们应该转向雅克·德

---

[1] 让-克洛德·考夫曼(Jean-Claude Kaufmann,1948— )法国社会学家,法国国家科学研究中心主任,微观社会学先驱。他擅长用幽默的文笔剖析日常生活中的常见现象。著有《婚姻的网状结构》《单身女人与白马王子》等。

里达，借鉴他取消言说（voice）与书写（writing）的对立这一做法[9]来看待这种情况？在德里达看来，"书写"出现在历史上，似乎要比言说晚得多，但它实际上是一种更为原始的活动，而言说只是它的一种变体。或许，我们同样可以说，虚拟形象的构建实际上更接近于自我表演的本质。在互联网出现之前，自我表演一直受到诸多物质因素的限制。以艺术为例，每当出现新被认可的、富有成效的范式变化，文化实践都必须被重新定义，这是文化实践的本质；随着现代艺术和当代艺术的出现，艺术的传统定义已经过时，但新的定义仍须解决包括旧的艺术形式和与之相对立的新的艺术形式在内的基本问题。这么看来，我们也许不应去质疑网络自我的线上生命形态，而应该寻找一种能将虚拟形象的构建与以往的自我呈现类型结合起来的东西？我们甚至应该庆祝不断进步的技术所带来的新的解放的可能性？

**鲍　曼**：如果网络世界安全地安置在它的技术居所里，而且它是我们生活的唯一宇宙，也许这就真的不"成问题"了。在这种条件下，我们几乎无从察觉生活于其中是个"问题"。然而，我们的客观生存状况并非如此，我们的主观个人体验亦非如此：我们目前栖居于线上和线下这两个宇宙中，每个宇宙都有自己的规则、行为准则和一套选项，它们在很多方面相互矛盾、不可调和。但如今，我们都是不知疲倦的通勤者，每天在线上宇宙和线下宇宙之间穿梭，而且常常同时被困在两个宇宙之中。两者可能是相互矛盾、无法调和的，但我们总是不厌其烦地尝试进行这种不可思议的调和工作。不可避免地，我们常常将一个宇宙的要求与另一个宇宙的要求混为一谈，这种错误做法往往会对个人自尊和人际关系造成伤害，也就是对自我及其公众感知、评价造成伤害。此外，线下生活是困难的，它充满考验和磨难。与之相比，线上生活相对轻松，而这一优势会使网民逐渐鄙视乃至遗忘线下世界要求我们具备的技能，由此造成的损害，使线下的这些要求看起来更加令人生畏、让人反感。

**罗　德**：当我看到有人一边过马路一边发短
信，或者跟朋友在一起时也在低头发信息，我就
不那么确信两个宇宙是否真的并行存在了。随着
每项新发明的出现，线上生活和线下生活的界限
正在变得愈发模糊，我们很可能最终只剩一个世
界，它既非线上世界，亦非线下世界。就我个人
而言，我没有谷歌眼镜的推广者那般乐观：他们
承诺，我们的视野很快就会充满各种各样的超链
接。我觉得更有可能出现的情况是，我们将看到
大量错误信息的叠加："404 未找到""已加载
23％……""服务器正忙，请稍后再试"。

尽管如此，我还想到一个更严肃的对立论点，
一个与我们对"生而为人"的理解有关的论点，
来反驳人们对新技术的解放潜力的乐观看法。如
果说我们的线下生活瞬息万变，那么线上生活只
会更加如此，而且更容易（几乎）不留痕迹地退
出。我说的不是现如今秘密数据库中可搜索的海
量数据，而是更改个人简介照片、与我不喜欢的
人取消好友关系的便捷性。我发布什么样的帖子，
我就是什么样的人，但我可以随时编辑自己的帖

子。这有点儿像你所说的"回声室"，我的附近只有与我意见一致的人。更重要的是，如果这个回声室无法满足我，我可以随意离开，再为自己搭建一个新的回声室。

于我而言，这才是一个大问题：轻而易举地全身而退。于是，我们不再致力于解决人类的生存问题，也不必去克服人类面临的挑战——两者皆可抛。当然，我们深知，对于一个严重的生存问题，我们不可能找到终极解决之道。可在我看来，正是这些临时的、不完美的解决方案造就了我们，或者说造就了人类。但如果我可以编辑我所有的不完美，而不是去直面它们、解决它们，这会对我造成什么影响？我又该何去何从？

鲍　曼：我完全同意你上述的观点！不过，除了"我们'生而为人'意味着什么"，我还要再加上一点："我们所说的'幸福'（即拥有令人满意的生活）意味着什么？"由于我们经常误解"幸福"的含义，这一点就显得尤为重要。我曾多次被各种采访者问及，我是否觉得自己的生活是幸福的。就此问题，我再也找不到比转述歌德的回答更好的回应方式了。当时，歌德与我现在的年纪相仿，但没我大，有人问他是否过得幸福。他回答说，他的一生是幸福的，但他想不起来具体哪一周是幸福的。我相信，他的回答是要传达——而且也的确传达了——这样一个浅显易懂的信息，即幸福的感觉并非来自没有麻烦的生活，而是来自直面生活中的麻烦，并抵御它们，与之斗争，解决它们，击败它们。无论是在当时，还是在当下，这条信息对于我们理解幸福的本质都至关重要。歌德在他的一首诗中表达了类似的思想："世界上所有的东西都是可以忍受的，除了一连串美好的日子。"不直面问题并解决问题，非但不会使人幸福，反而会使人感到无聊、倦怠、愤怒。

**罗　德：** 正是如此。还记得我谈及佛经对"痛苦"的普遍误译时说过的话吗？幸福与痛苦相似，在这两种状态下，我们都不希望当下的精确体验无休止地持续下去。但对于大多数人来说，

"幸福"作为一个构成生活的实践性概念，难道不是一个效仿（emulation）问题吗？由于我们受到生理、社会和文化的限制，"幸福"一词不可能代表统一的可持续状态，但我们又不能舍弃将这一理想作为自我实现的标准，那么一个简单可行的办法就是借助于幸福的替代品。

效仿观念其实并不新鲜，当然也不局限于物质层面，譬如你可以在配饰齐全的连锁店里买到生活方式。中国古代的伦理传统，其运作模式就是效仿。《论语》中有很多关于"君子"在某种情况下如何行事的论述，而与之竞争的道家也对"圣贤"做出了同样的阐释。后世诗人不仅在写作中模仿早期诗人，他们在生活中也有意模仿后者；譬如在19世纪末的巴黎，许多满怀抱负的波希米亚人就善于模仿，他们有时似乎有意识地效仿既定的忧愁和痛苦模式，而这些模式正是终极自我实现的先决条件。托马斯·肯皮斯等神秘主义者亦如此，他教导信众学习（即效仿）基督本人的言行。回想一下帕斯卡尔对那些失去信仰的人的忠告吧：

你想获得信仰，却不知道该怎么做；你
想治愈自己的不信，却不知道该如何治疗。
去了解那些像你一样被束缚，如今拿他们所
有的财产下注的人吧。这些人知道你要走的
路，他们已经治愈了你想要治愈的病。照着
他们刚开始的样子去做：喝圣水，做弥撒，
好像自己相信一样。即便只是伪装，这些行
动也会让你自然而然地相信，让你的敏锐变
得迟钝。[10]

齐泽克对这段话的评论如下："帕斯卡尔的最终回
答就是：放弃理性论证，仅仅服从于意识形态的
仪式，通过重复无意义的动作来迷惑自己，表现
得好像你已经相信了一样，那么信仰自会到来。"[11]
齐泽克的解读颇有问题，因为这些手势、图像或
咒语并非毫无意义。恰恰相反，它们是基本的
表意行为，以最深刻的方式赋予意义、重组意
义。另外，操演这种皈依的语境并不一定裹挟着
严格意义上的意识形态性。譬如，初入学术界的
新人第一次念出"拟像"（simulacrum）或"差异"

(differences) 这样的词时（哦，我对此记忆犹新），与一个小镇女孩告诉朋友她要去哪里时说出洋气的"哈罗德百货"（Harrods）或"老佛爷百货"（Galeries Lafayette）并无本质区别，这两种情况下的言说背后，未必有意识形态作祟。两者的区别，并不在于所发生之事的机制不同，而在于背景系统（background systems）的不同——这种皈依的操演给我们的生活引入了不同的原则，并且可能诱发不同的变化。这就好比同样的宗教皈依可能会开启不同的人生道路，有人成了暴力原教旨主义者，而有人成了照顾穷苦人的和平志愿者。

于是，我们回到了表演作为一种自我生产的方式这一问题。按照定义，效仿应该是自我生产的对立面，但事实并非如此。首先，效仿榜样通常是为了让观众受益，哪怕观众只有表演者自己。其次，效仿行为普遍是片面的、不彻底的。我永远成不了广告中的那个人，就像我永远成不了我的老师，也成不了基督或猫王。但我可以效仿我的老师，模仿他的穿着打扮，并引用我的老师所引用的书。因此，效仿并不一定要像宗教皈依那样彻底，尽管两种行为本身并无本质区别。效仿在很大程度上是一种拼凑（bricolage）技术，用列维-斯特劳斯的话来说，就是把异质性的零碎物，拼凑为功能性的新整体，后者的统一性并非来自零碎物的起源，而是来自它们现在彼此关联的方式。这种关联正是效仿所催生的那种自我。

**鲍　曼**：让我以相反的顺序来回应你的观点，先从效仿与自我创造的联系或对立谈起。

我再次同意你的观点，效仿行为的这两个方面是相互交织的，仅在概念上可以区分开来，却很难在实践中区分开来。德里达曾经建议使用"迭代"（iteration），而不是常用的"重复"（reiteration）一词，理由在于，任何表面上的重复或再现都不可能与被重复或被再现的东西完全相同。三个世纪前，莱布尼茨为宫廷女官们设置了一项任务，让她们在宫廷的广阔花园中找到两片完全相同的树叶，这项任务耗时极长，最后以失败告终。关于效仿与自我创造之间的共时同一性，我就说这么多；至于它们之间的历时同一性，赫拉克利特（Heraclitus）早在两千年前就解决了这个问题。他指出，人不能两次进入同一条河流。他正确地澄清了这一规则的双向作用："再次"进入的那条河流不可能和第一次进入的河流"一样"，而再次进入河流的那个你也不可能和第一次进入河流的你一样。

事实上，自我生产只能是"我"与"你"或"它"之间（借用马丁·布伯的区分）持续不断、永无休止、没有定论、自由开放的互动。经由这番相互作用，所有参与其中的主体都会有所变化。归根结底，"相互作用"就是行为主体所发生的种种变化之间的互联性；它可以被表述为一个相互关联的身份变化的循环。参与主体之间若不存在差异，它们之间的纠缠就既不会有动力，也不会有实质内容。"循环"是两个主体——"我"与"世界"（"非我"总和的简称）——互补作用的产物。

你刚才说，"我们都不希望当下的精确体验无休止地持续下去"。你可能还要补充一句：我们也

不被允许怀有这样的希望；就像歌德笔下的浮士
德，他吃了苦头才知道，一旦乞求那转瞬即逝的
一瞬——"再逗留一会儿吧！你是如此美丽！"，
他就会面临永恒的诅咒。正如弗洛伊德所坚信的
那样，幸福没有持久性；它不会在这里逗留，更
不会无限期地停留。幸福是要人们奔赴的。幸福
是对现状的改变——摆脱一种特殊的烦恼，平息
一种特殊的愤懑，这样的时刻会让人感到幸福；
根据定义，它不可能长久地停留在那一刻。幸福
不会长久存在，如歌德所说，"最可怕的噩梦，是
长长的一串晴天"。事实上，我们甚至可以想象，
我们对幸福的渴望是社会灌输给我们的，目的是
让我们成为现在这副无可救药的样子：情绪低落、
离经叛道、悬悬而望。

　　"幸福状态"（可能连语义都自相矛盾）是遥
不可及的，这一事实能使我们保持永不满足的好
奇心和对新奇事物的强烈渴求，成为创造力的不
竭动源。深信幸福不过是大梦一场，很可能会让
人类的好奇心枯萎、渴求消逝。然而，问题在于，
恰恰是与之对立的、反事实的信念，即相信幸福

是可以实现的，最起码不相信强求保持幸福状态的努力到头来是徒劳无益的，才是驱使人类进行自我完善的必要条件。

噢，上帝远在天边，人类仅凭其微弱的理解力难以理解上帝，祂又不愿回答人类的诸种询问，因此我们人类往往求助于上帝的 DIY 替代品。拉图尔[1]笔下的"物神"（faitishes）即一例，我们把所谓的超人和神的起源及其亲缘关系都归为人造偶像。与上帝一样，幸福也具有淡漠孤傲、不可理解、遥不可及的特质，我们作为幸福的追求者，必须勉强接受代表"权威"的物神——譬如你提到的孔子的"君子"、道家的"圣贤"、基督教的圣人（我觉得托马斯·肯皮斯给信徒的建议太过头了，可能会被指控为亵渎神明）、犹太教的义人"札迪克"（Tzadiks），乃至离我们稍近一点

---

[1] 布鲁诺·拉图尔（Bruno Latour，1947—2022），法国哲学家、人类学家、社会学家，曾任巴黎政治大学的组织社会学研究中心教授、媒体实验室主任（2006—2017）。他是行动者网络理论的主要开创者之一，2013 年获得霍尔堡国际纪念奖。著有《我们从未现代过：对称性人类学论集》《实验室生活：科学事实的建构过程》《自然的政治：如何把科学带入民主》等。

的、高谈阔论的"大师"（gurus）或沉默大师的喧
闹代言人，以及我们这个时代的知名偶像或被偶
像化的名人——用这些人造偶像将就一下。这些
人之所以能够跨越时空联系在一起，是因为他们
是公认的指引星或路标，是对"正道"发表个人
见解的权威人物：他们所选择的生活方式，无论
有着怎样的定义和名称，都有望通往幸福的秘境。
这样的权威人物在过去是教师，现在则分身为多
种个体。正如你引用的帕斯卡尔的名言所说的那
样，他们"已经走过了你要走的路，已经治愈了
你要治愈的病"。更确切地说，他们是备受赞誉的
识路人，而你也因为这种赞誉相信他们已经治愈
了你所希望治愈的病痛；最重要的是，由于你不
畏困难与挑战，心甘情愿、认真坚定地皈依了新
的信仰、新的价值等级和偏好，皈依了新的饮食
习惯、新的生活方式，或者在与他人建立关系、
保持关系、终止关系时采用了新策略，因此你相
信，你自己就可以治愈病痛、度脱苦厄。或者你
只是搬了家，搬到你还没有去过的地方，或者尝
试了你之前没有尝试过的活动或关系，你就相信

自己能够走出困境、自我疗愈。正如约瑟夫·布罗茨基所说：

> 你可以换工作、换住所、换公司、换国家、换气候；你可以滥交、酗酒、旅行、上烹饪课、去做心理分析……事实上，你可以做遍所有这些事情，这在一段时间内可能会奏效。当然，直到有一天，当你在卧室里醒来，盯着生疏的新家和异样的墙纸，看到桌子上堆满了旅行社和心理医生的账单，你意识到自己身处不同的国度和气候，这时的你却对窗外倾泻进来的阳光生出似曾相识的腻烦之感。[12]

你反对齐泽克对帕斯卡尔的解读，并坚持认为在皈依行为中获得、挪用、调动的"手势、图像或咒语"并非毫无意义。你的看法是对的。皈依的仪式确实是鲜活生动的，因为它赋予了人们迄今匮乏但又渴求的生命意义，至少赋予眼前的生命以意义（几乎没有人愿意或敢于把目光投向更远处，展望那变幻莫测的未来）——其信徒之众，在皈依仪式的视频网站上粉丝点"赞"之多，就是明证。英国的民间智慧有云，"风暴到来不择港"。就我们当下的状况而言，"风暴"指的是快速过时的启示、预言、预兆、忠告和褒奖所带来的令人眩晕、迷惑和惊愕的旋风；在这种情况下，任何自以为是的幸福秘诀都可能成为"港口"。

我猜想，名人相对于圣人或圣贤的明显优势，与前者特有的短暂性、后者特有的永恒性（圣人的永恒神性和圣贤的永恒智慧）有关。按照丹尼尔·布尔斯廷（Daniel J. Boorstin）诙谐而尖刻的定义，名人即"因为有名而成名"的人。他们的短暂性和易逝性，更符合人们在"流动的现代"境况下的生活体验，也更符合当今人们对长期承诺（更不用说无限期承诺）和不可逆转的选择的反感。名人的另一个优势是，他们不要求效仿的完全性和独有性。与圣人或圣贤不同，名人对小修小补持宽容态度——这对于那些被"现代境况"这一命运抛入修补者困境的人来说不啻一大福音。

**罗　　德：**很久以前，彼得·斯特龙伯格

（Peter Stromberg）曾把我们这个世界上的名人比作神灵，是我们与上帝之间的中介。他写道：

> 名人之所以是神，是因为他们是美国消费主义最重要的中介；就像基督教的神耶稣基督一样，他们既是人又是神。他们是两个世界的参与者，一个是我们生活的世界，一个是我们向往的世界。虽然他们最初和你我一样都是凡人，但他们现在生活在我们心中的天堂，也就是广告中描绘的世界，在那里人们快乐、美丽、机智、满足、友好、富有冒险精神。天堂里也会有一些小挫折——离婚、吸毒，有时甚至是自杀，但这些插曲令人着迷，因为它们揭示了这些天人和我们一样。[13]

因此，他得出结论说，美国人（或任何当代文化的载体）相信，"他们可以通过改变自己来改变——而且必须改变——日复一日的生活。自我可以通过消费而改变"[14]。从这个意义上说，消费不再是为了满足我们自己或真实或假想的需求，它已然变成了一种基于效仿的、鲍德里亚式的宗教实践。我穿着比约恩·博格（Björn Borg）牌子的平角裤，就相当于分享了比约恩·博格的身体，正如基督徒在圣餐仪式上分享神的身体一样。同样，通过食用某一品牌的玉米片，我将自家闹哄哄的早餐桌与广告中可爱而幸福的家庭联系起来，这样一来，即使我家没有过上广告中呈现的那般理想生活，我们至少与电视屏幕另一端的神仙家庭享用同样的玉米片。

乔治·卡林（George Carlin）认为，广告应该极端写实，不应该只描绘一个理想化的世界。按照他的意思，这则广告听起来大概是这样的："嘿，老爸，等你揍完老妈一顿后，再给我来点里面掺有葡萄干的那玩意儿，行不行？"[15] 不过，广告中推销的可不是玉米片，而是宗教般虔诚的认同时刻。当广告向我推销产品的功能特性时，我可能想看到一个更接地气的广告，它应该向我呈现该产品所归属的真实场景。以推销洗衣粉或电钻的广告为例。洗衣粉广告中出现一个精通家务、会问问题的家庭主妇，或电钻广告中出现一个经验丰富、双手沾满油渍的工人，要比一个天使般年轻貌美的姑娘更让我相信产品的优越性。然而，早餐谷物食品与同类产品的竞争点是其附加的象征性价值，而不是它的口味（除非它的卖点是健康）。在时尚界——或在皮埃尔·布尔迪厄所探讨的艺术界，这一过程甚至可能朝着相反的方向发展：时尚公司推广某种新颜色，并不是因为它即将成为流行色，而是因为这家时尚公司的推广，它才即将成为流行色。[16]

这会如何影响一个并不喜欢该颜色的人？像往常一样，你总得做出选择：要么你引领时尚潮流，为其壮大声势，要么你自觉地抵御这一潮流。你能不去表演地做出选择吗？我认为不能。在我内心的小剧场，我仍然要对自己表演这样一出戏：我是那个拒绝顺从大众选择的人。事实上，这难道不比（可能是帕斯卡尔式地）认可最新潮流更需要一场令人信服的表演吗？

须立即补充一句：若果真如此，除了两者以外别无选择，那么我们就必须从伦理上完全中立的角度来思考表演。自我表演并没有错：只要我们做真实的自己，自我的表演就像呼吸一样自然。
如果通过向自己表演我的选择，并且坚守我所珍
视的价值和原则，那么将我自己划分为演员和观
众就能服务于一个有价值的目标。你前面提到了
米德，以及他在"客我"（me）与"主我"（I）之
间所做的区分；查尔斯·皮尔士[1]看到了"我"
（me）与我内心的"你"（you）所进行的对话；社
会学家们经常谈到被"我"（I）内在化，以致成为
自我的组成部分的"重要他者"。如果我们同意这
些观点，承认自我的内在对话性或多极对话性
（polylogical），那么自我就必须不断地展演自身，
不是吗？在前文，我们一致认为，即使自我在现
实中是在观众面前表演，但实际发生之事，与自
我在其所想象的观众面前的内在表演，是迥然有
别的。然而，必须注意的是，这种表演的效果既
取决于外部观众的认可，也取决于内部观众的认
可。试想一下，一位极富天赋但过于自我批判的

---

[1] 全名为查尔斯·桑德斯·皮尔士（Charles Sanders Santiago
Peirce，1839—1914），美国哲学家、逻辑学家、数学家，被
尊为实用主义之父。他认为逻辑学包含了许多现在被称为认
识论和科学哲学的内容。著有《推理及万物逻辑》等。

音乐家，无论台下的观众鼓掌多久，她都认为观众只是出于礼貌，假装没有注意到自己的重大失误罢了。

鲍　曼："自我"既是互动的决定因素，也是互动的产物。它是人类最私密的所有物，却非常依赖人类的社会性。我们若非社会动物，可能永远也不会想到我们是由多个"自我"构成的，或者说我们拥有多个"自我"。如你所说，他者是自我以外的"那些人"，以及作为"重要他者"被纳入自我的人，他们在永不休庭的法庭上上演"客我"对"主我"的无休止的审判。正是在与他者的互动中，我们才恍然大悟，原来我"拥有一个自我"，或意识到我"是我自己"，于是便开始了建构身份、重建身份的终生劳动。正如你准确地指出的那样，"只要我们做真实的自己，自我的表演就像呼吸一样自然"。

在互动的开端，"自我"的呈现相当于个人名片，用于自我介绍。19 世纪小说最常见的主题之一，是人们乞求熟人"介绍"他们认识这个或那个迷人的女人、这个或那个有权势的男人；现如今，在一个把身份象征物放在商店里储存、售卖的社会中，介绍往往是"自己动手"完成的任务——时尚取代了把关者的职责。个人名片需要用当前的流行语书写，而且要清晰易读，否则就达不到目的。以前，人们把名片放在马甲兜里，在合适的场合随时掏出来，递给别人；如今，这种名片是印在身上的，表现在具有个人特色的穿着打扮、行为举止、面容表情上，形成独具个人风格的身体语言。除了兼具旧式名片的自我介绍功能，当代名片还被赋予了一项额外任务，即按照智能导弹的模式选择目标，向目标人士发出互动邀请；与此对应，当代名片还要与其他人保持距离，不向他们发出互动邀请。从相反的角度，也就是从受邀者的角度来看，自我要么主动请求加入互动，要么宣布不愿加入互动；自我需要将这两种功能结合起来——正如那个遭遇海难流落荒岛的英国幸存者一样，他觉得有必要在他称之为家的木屋外面，再造两间小屋：一间当作每天晚上要去的俱乐部，另一间则是他坚决不踏入的地方。

名人并非神灵。名人及其身上可见、可听、可触的能指，只是取代了圣人及其身上的类似能指（譬如圣人的肖像项链或徽章），逐渐成为最常见、最易于识别的自我身份的象征，并在这一过程中摆脱了与圣人的"神圣联系"。将神灵与名人联系在一起的，是他们所代表的归属诉求与象征意义；任何别的相似点都"纯属偶然"（借用厌恶律师的电影制片人的说法）。然而，名人与神灵之间的差异才是问题的关键：名人取代神灵这一事实，最能说明自我生产的策略在我们这个"流动的现代"所发生的深刻变化——这一变化反映了社会性在内容和策略上的改变，也反映了个体性与归属感之间的相互作用。

我在一篇题为《从殉道者到英雄，从英雄到名人》的文章中这样写道：

> 殉道者或英雄的名声源于其丰功伟绩，人们歌颂他们的功绩，重申他们的永恒重要性，他们的生命之火永不熄灭。与之相比，名

人备受瞩目的原因是其"有名"（knownness）
最不重要的原因。让名人备受瞩目的决定性
因素乃他们的恶名：他们铺天盖地的影像，
以及他们的名字在公共广播和私人谈话中被
提及的频率……如殉道者和英雄一样，名人
提供了一种黏合剂，将原本分散的人群聚合
在一起；如果共同体非但不是想象出来的，
也不是如幽灵般松散、脆弱、易变、短暂的
幻影，而是现代社会里扎扎实实的存在，那
么人们可能会说，名人现在是生产共同体的
主要因素。正因如此，名人在流动的现代环
境中显得如此自如：流动的现代性是他们的
自然生态位。[17]

名人不需要无条件的承诺和忠诚。恰恰是"无条
件的承诺和忠诚"这两项要求，让许多深陷于流
动的现代世界中的人脱离了紧密联系的旧式社区，
并促使他们转而选择"网络"，这种网络的特点是
连接和断开、加入和退出的极端便利。名人也没
有要求别人模仿他的独家权利；穿着印有名人 A

的肖像的 T 恤衫的人，无论他们多么满腔热忱、一心一意，在他们的衣橱里总能找到印有名人 B、名人 C 和其他名人的肖像的 T 恤衫。加入名人崇拜者的行列并不意味着放弃自由，反而是对阿谀者个人自由的证明、确认和重申。他们并不需要抵押自己的未来——这种保证，正是这些个体极为重视和珍惜的。

# 自我实现

## 个体与新自由主义：
## 谁能决定"我要过怎样的人生"

**罗　德**：这就把我们引向了另一系列问题，即自我实现的问题上。到目前为止，我们一直将自我作为一个静态背景下的实体来讨论。现在，让我们引入一个更广阔的时间框架，即在个人时间和社会时间的框架下，讨论自我实现的问题。试图效仿一个现成的理想是一回事，但最终实现这个理想则是另一回事。大多数情况下，自我实现是一个漫长的过程，需要自律，需要付出巨大的努力，而且不会产生立竿见影的效果。即使有回报，也总是远在天边，无法立即兑现。然而，似乎有不少人认为，长远的自我实现比眼前的享受更重要。常言道："种一棵树，盖一座房子，养一个儿子。"

**鲍　曼**：回报"总是远在天边"——我猜你的意思是："已经在望，但尚未触及。"你这么说，我也同意。但是，为自我实现所做的努力，对不断远去的地平线永无休止的追逐，所得的回报是什么呢？它是否就像萨特的"生活计划"，即一个很早就被选定的"一劳永逸"的模型？一旦选定，我们就必须坚持不懈，一层一层、一砖一瓦地耐心建造，直至生命的终结，就像远洋船上安装的陀螺仪一样，让自我的建造者保持航向，排除万难，一直前行。还是说，它作为一个预先设计好的模型，是我们这些生活艺术的工匠拿着"路线图"，在认真开始自我实现的劳动之前，就已经预知或勾勒好的完整形状？甚或它只是一个还没有完整地呈现出来的模型，仍然有些模糊，布满了太多的空白点——但我们希望随着劳动的进行，这些空白点将被填补，我们也有决心在未来的时间里一劳永逸地填补这些空白点？我不这么认为。

在流动的现代，"自我实现"的观念已经得到更新。我认为，大多数人倾向于认同的在当下"自我实现"观念中所嵌入的意义，更类似于奥利弗·克伦威尔的建议："要相信上帝，但必须保持火药干燥。"用现代的话语来说："两面下注，保持选择权。"如今，"自我实现"活动最常见的指导原则，与其说是在一个预先设定好的、得到坚定拥护的自我模式上机械地完成既定动作，不如说是保持自我实现的未完成性和可塑性，留有足够的空间来试验自我实现的别种可能——人们期望出现和学习的已知或未知。引导我们追求"自我实现"的是对僵固的恐惧，而不是对抵达终点的渴望。流动的现代境况要求我们灵活变通——对此，我们只能服从。

人们最初创造的"自我实现"观念，是以相对持久且变化缓慢的伦理原则、价值等级和战略准则为指导的。这种自我实现观念已经陈旧过时，因为它所服务的是曾经那个相对稳定、变化缓慢的世界（与个体的预期寿命相比）。在那个世界里，人们无论进行耗时多长的行动，在取得预期结果之前，其行动所处的环境预计都不会发生重大变化。在那个世界里，这种期望"自有道理"；于是，当人们把这种期望投射到生活中时，他们自然而然地展望未来，制定以既定目标为导向的长期规划，并坚持不懈、坚定不移地执行计划，

以实现预期目标。然而，在流动的现代，这一全
新的"自我实现"观念则服务于这样一个世界：
个人生活环境中（几乎）所有相关要素（如企业、
贸易条件、政治体制和纲领、珍视的价值观、"合
宜"与"不合宜"之间的区别、主流生活方式和/
或令人羡慕的生活方式等）的预期寿命都在不断
加速缩短，只有个人的预期寿命在不断变长，后
者是这一普遍规则的唯一例外。当今世界的口号
是：灵活性，而不是一成不变；在人生旅途中改
变目的地和交通工具的意愿和能力，而不是固守
既有的信念和习惯；总而言之，忘记而不是铭记。
与其说是为了遥远的理想境界而努力，不如说是
为了更好地利用当前瞬息万变的机会而努力。正
如第一位"修正主义者"爱德华·伯恩斯坦[1]那
句著名的格言："于我而言，最终目的微不足道，
社会主义运动才是一切。"的确，我不禁想把当今
的自我实现描述为一种"修正性的"实践。

---

[ 1 ] 爱德华·伯恩斯坦（Eduard Bernstein, 1850—1932），德国
        社会民主主义理论家及政治家，进化社会主义（改良主义）
        的建立者之一。

罗　德：你认为自我实现的观念已经过时，我对此感到遗憾。当然，我也理解你为什么会这么说，因为在当前的流动环境下，我们已经不可能再像几十年前那样指望一个延伸至未来的稳定观念了。1972 年，一家日本银行打了一个广告：它向刚刚入职一家公司的年轻人提议，要与其终身保持密切合作，并列出了他生命中将会发生的所有人生大事，譬如从 26 岁时儿子出生、30 岁时女儿出生，到女儿的婚礼，以及他退休后的欧洲旅行。这则银行广告的主意是，你定期向银行付款，当你真正需要这笔钱来支付婚礼、旅行或大学学费等费用时，银行会在事先约定的时间向你提供超出你此时支出的金额。所以，你只需签一次字，银行就为你规划好了你的整个人生——尔后，你就可以按部就班地生活了。这让我想起玛丽莲·斯特拉森（Marilyn Strathern）顺口说过的一句话，这句话既残酷又准确：中产阶级把生活变成了一个项目[1]。事实上，中产"以下"的人无法从项目的角度来考虑自己的生活，因为他们首先要不断地为生存而奋斗，而中产"以上"的人则无须做出长期的目标承诺，因为于他们而言，基本的回报——可以让他们随心所欲地做任何事情的财务自由——已经不再是问题。

当然，你说得没错，此时此刻，任何一家银行都不可能再为以上勾勒的未来打广告，也很少有人在签订工作合同时会真的以为它是终身契约。延伸至未来的稳定观念已然土崩瓦解。但我觉得，这种流动性并没有使自我实现本身过时，只是将自我实现的位置转移至别处。你曾在《自由》（1988 年）一书中描述过，在资本主义社会的结构性变革中，消费已经取代工作，成为行使个人自由的方式。但这也与我的想法完全不一致。我可以理解你对"一个还没有完整地呈现出来的模型，仍然有些模糊，布满了太多的空白点"所持的悲观态度。的确，社会实践似乎证实了人们所做的一切都以带有"重启"按钮的电子游戏为模式，而不是像辛纳屈曾经所做的经典宣言那样，以"我行我素"的自信步伐度过一生。是啊，既然人们频频更换恋人，搬家时也没有太多感伤，甚至轻而易举地从一个政党跳到另一个政党，那么谈论正在进行中的自我实现过程似乎显得不合时宜。

然而，它尚未真的过时。

你刚才引用了伯恩斯坦的名言："于我而言，最终目的微不足道，社会主义运动才是一切。"拿这句名言观照那些可能实现了社会主义的社会，也许会更有启示意义。这些社会所实现的社会主义，未必都是马克思主义所理解的社会主义，即暴力革命所引起的从量变到质变的结果，而可能是以一种平静祥和、合乎道德的方式实现的社会主义。我指的是北欧国家，这些国家在过去相当长的形成期内一直由社会民主党政府执政，因此，尽管其中一些国家有更多的右翼政治家担任领导职务，但他们并没有改变北欧国家的基本精神，即平等主义、个人主义，以及寻求共识，并将此作为解决问题之道。我想说的是，倘若一个国家的成功可以用其资源造福居民的程度来衡量的话，那么北欧国家已经做得相当出色了。我指的并不是挪威的石油，因为挪威的石油开发得相当晚。以芬兰为例，它气候恶劣，人口密度低，外国人很难听懂它的语言，地底下也没有蕴藏可观的财富；然而，较之自然潜力更大的诸多国家，芬兰却能为人民提供更多东西。

我们若将目光投向北欧的政治进程，就会马上想到伯恩斯坦的这句话。向着社会理想前进的人，不可能事先知道自己最终实现的理想会是什么样的。这个旅程没有终点，朝着理想前进本身就是最重要的事。如果你朝着理想迈进，你就不能假装自己已经成为另一个人，一个新世界的归化公民。是的，你可能对自己想成为什么样的人，以及别人想成为什么样的人有自己的想法；其他人可能会赞同你的一部分想法，而反对另一部分。因此，向理想迈进的过程会改变你对理想的想象。一旦你取得了一定的成就，你就会立即注意到，为了更接近你当下所憧憬的理想，你还有其他事情需要去做——其中一些可能是你的解决方案所产生的问题，另一些只是以前被你忽视或刚刚浮现出来的东西。

因此，这里有两种不同的刺激因素在发挥作用。一方面，我们有改造社会、不断前进的想法；但另一方面，恰恰是缺乏一个固定的、长期的、可遵循的意识形态愿景，才确保了这场运动的成功。实现中期目标的路线图可以有，但一幅完整的社会建设蓝图不可能存在，因为我们不能固守旧蓝图而不顾新愿景。这与"民主"本身的含义不尽相同，因为民主也可以发生在互不兼容的政治思维方式之间的斗争之地。然而，在北欧社会，朝向理想的运动遵循某些公认的原则，一种不可抛弃的逻辑，尽管这种逻辑可能会产生分歧和不可预测的社会结果。事实上，北欧社会虽然有很多共同点，但也存在巨大差异，这不仅是国民性格使然，还因为他们在政治上做出的微观选择。即便如此，北欧的保守主义者通常也不会主张"传统的家庭价值观"，即女人应在家中扮演好自己的角色——他们不会抑制女性积极、平等地参与社会生活。

那么，这番冗长的题外话究竟要表达什么？我们或许可以从同样的前提出发来解决自我实现的问题：所谓自我实现，不是完成一项计划，不是遵循既定的人生轨迹，不是走一条或由我自己发明的、或被规定好的道路；相反，它是一场没有终点的运动，受制于我为自己选择并将恪守的某些原则——如果途中发生的事情与我坚守的原则相抵触，那么我将不得不再次做出选择，二择其一。我想要实现自我，但我并不知道我是谁。对于这一出发点，想必苏格拉底和释迦牟尼都会表示认同。

**鲍　曼**：自我实现"是一场没有终点的运动，受制于我为自己选择并将恪守的某些原则"——是的，当然！我很难不同意。尽管如此，自我实现不正是当今新自由主义这一意识形态霸权所大肆利用的神话吗？它掩盖了新自由主义政治对"命运"——显然是我无法控制的外部环境——的操纵，其目的是集中打击留给个体的自由裁量空间及其回旋能力。半个世纪前的 1964 年，米歇尔·克罗泽[1]在法国官僚体制的实践中发现了一种策略：解绑自己双手的同时捆住别人的双手；在时间的长河中，这种策略不正是对自我实现机

---

[1] 米歇尔·克罗泽（Michel Crozier，1922—2013），法国社会学家、法国国家科学研究中心主任，法兰西科学院教授。著有《科层现象》《行动者与系统》等。

会的根本性不均衡分布的一种预见性洞察吗？它洞察到，在我们所处的个体化的消费者社会中，自我实现是通过"软"实力而不是"硬"实力，通过胡萝卜加大棒而不是赤裸裸的胁迫所产生的。我们真的能够满足新自由主义的要求，动用个人拥有和支配的资源来解决由社会造成的生活问题吗？从"法律上的个体"地位擢升至"实质上的个体"地位?! 好吧，我们中的一些人——少数人，而且是越来越少的少数人——偶尔能够做到。但我们中的大多数人在大多数时候都做不到。

巴黎第一大学的经济学家丹尼尔·科恩（Daniel Cohen）写道：

> 在福特式的旧工厂里工作，工人永远是工人（正如福特所说，"只要他不酗酒"），无论他的人生轨迹如何。在当今世界，"失去一切"的风险是永久性的。拥有"独特"知识的高级专业人员，可能会随着新技术的出现而残酷地沦为无能的人；根据定义，一名"具体的"工人就是在公司破产或决定裁员的

情况下敢冒一切风险的人。最后，当工人长
期被排斥在劳动力市场之外，陷入贫困和去
社会化的恶性循环时，在个人生活过程中积
累起来的第三种资本就会丧失。[2]

难道我们不正在沦为盖伊·斯坦丁[1]笔下的"朝
不保夕者"[2]（2011年），或正在被这样的现实前
景吓倒吗？"朝不保夕者"是一个人口众多且快
速增长的个体集合，他们可以随时随地安顿下
来，但定居时间不得超过"直至另行通知"的时
间——也可能在通知之前就突然被扫地出门。

正如吕克·博尔坦斯基（Luc Boltanski）和伊
芙·夏佩罗（Eve Chiapello）所指出的，那些设法
成为受益者而不是失败者的少数人（主要是全球
新精英），倾向于用"生活之道"（savoir-vivre）取

---

[1] 盖伊·斯坦丁（Guy Standing，1948—　），英国劳动经济学
    家，伦敦大学亚非学院发展研究教授。他致力于推行全民基
    本收入，是"全球基本收入网络"（BIEN）的创始成员和名
    誉联合主席。
[2] 英文是"precariat"，又译为"不稳定的无产阶级"。该词由
    斯坦丁所造，用以描述因全球化导致工资低、工作保障差而
    受到伤害的新兴工人阶级。

代"技能之术"（savoir-faire）。前者不在于拥有某种受人认可的职业资质，而是"强调多才多艺、工作灵活性，以及学习、适应新职责的能力，同时也强调参与、沟通和经营关系方面的能力"[3]。在社会光谱的另一端，有一些父母满眼忧虑，因为他们：

> 围坐在餐桌旁，桌上堆满了无力偿还的账单。他们纠结先还哪一张，以及如何省钱……大多数人都想工作。这是人类最基本的愿望：谋生，养活自己和所爱之人，朝前走……但不难看出，人们的这种希望是如何被击碎的，因为他们不得不面对最痛苦的问题：当你的工作收入低于你的生活支出时，该如何度日？[4]

在另一个场合，我曾说过，在我们这个流动的现代世界里，流动人口大致分为两类：游客和流浪者。游客是自由而快乐地选择流浪，而流浪者则是迫于无奈才成为游客的，内心充满恐惧和怨恨。尽管出于截然不同的原因，但这两类人都不能或不会长期停滞不前。

在当今社会,风头正劲的名人从道德权威和道德导师手中承接了人生导师的角色。这样的社会环境倡导个体独立完成自我实现的使命。这一提议看似崇高,实则目光短浅、漫不经心,充其量是美学家(Schöngeisten)一厢情愿的渴望,因为它无视社会的残酷现实:这个社会预先设立了阻碍机制,不仅不利于个体的自治、自决和自我肯定,还阻碍个体贯彻"我为自己选择并将恪守的某些原则"。这并不意味着人们无法追求所愿,但这确实意味着,对大多数人来说,在大多数情况下,追求所愿实乃望尘莫及,这一事实既残酷又令人沮丧。作为一个顽固不化、无药可救的社会学家,我倾向于得出这样的结论:以永恒的视角观之,苏格拉底针对"如何过有意义的生活"所提出的哲学策略,自始至终都是正确的,但人们心甘情愿、卓有成效地践行这一策略的可能性,自始至终都低得令人发指,在当今社会更是如此。

我全心全意地赞同你的看法:北欧社会正在奋力抵抗新自由主义的压力,并极力清除这一意识形态霸权传达给个人的虚假、虚伪信息的毒素，这表明我们依然有望使经验现实接近道德真理所设定的标准。我只是希望，我们有能力证明这些北欧国家是为我们开辟道路的先锋，而不仅仅是地方性的异类。

**罗　德**：此处，我们应该区分一下事物的实然与应然。为什么偏要"以永恒的视角观之"呢？你刚才的话让我想起了伊壁鸠鲁，想起了他对我们的告诫：我们不应该为那些我们完全无法控制的事物而烦心。问题是，这些烦心之事源起何处？我们理应相信，原则上讲，社会组织的规则是由我们自己制定的，而不是自然法则的体现，至少在民主国家是这样。不可否认，我也遇到过不少新自由主义者，他们告诉我，贪婪和竞争是人性的基本特征，建立在该假设之上的经济制度才是理想的，因为这样的制度从本质上反映了我们的真实人性。对此，我不敢苟同。纵观世界各国的社会、文化和历史发展，我们对人性的本质无法做出任何有意义的断言——原因在于，我们总是现时的、处于当下境况中的自己，我们并无任何理由始终保持这一状态，至于应该保留什么状态、舍弃什么状态，言人人殊。因此，如果我们发现当前的社会文化机制存在问题，导致我们无法按照哲学上正确的原则行事，那么我们就必须竭尽所能，推动形势朝着我们认为正确的方向发展，使这些原则对每个相信它们的人来说都是可能且可行的选择。请再次牢记，没有什么理想是不能在必要时刻加以改进的。

　　大多数情况下，我们甚至不需要一场革命来解决这个问题。我现在无法深入讨论你上面摘引的查尔斯·布洛的话中那些身陷绝境的家庭的迫切需求，因为这需要一个更复杂的解决方案。但我可以谈一谈技术工人，他们可能会因为技术革新而惨遭淘汰。事实上，这的确是大量工人经常面临的明显而现实的危险。针对这样一个迫在眉睫的社会问题，我们不必大动干戈地进行制度革命——对教育系统的某些方面做出改良，很可能是最佳策略。遗憾的是，我们所应采取的措施，与欧洲大学目前的发展方向恰恰相反。例如，欧洲大学战略管理中心的弗兰斯·范富格特[1]教授认为，"欧盟需要更多的大学毕业生，而且需要这些毕业生能够直接就业。因此，欧洲高等教育的大众化需要继续深入，入学人数也需要持续增长"5，大学的首要任务是生产"大量可雇用的知识工人"6。在我看来，这完全是无稽之谈。当教育与工作要求挂钩时，它不可避免地只能服务于制度的需要，而无法服务于受教育者本人的需要。此外，大学的首要绩效标准变成了效率：更多、更快地生产毕业生。个人的成长是一个缓慢的过程，其间会接触多种不同乃至相互矛盾的信息流，也会遇到无法解决的永恒问题和个人挑战。当然，所有这些都是"低效"的，于是大学正在删除其课程中与假想的毕业生未来从事的工作无直接关系的大部分内容。问题在于，等到学生真正完成学业之时，这些工作可能早已被砍掉，他们不得不走上全新的职业道路；大学官僚们在设计非常

---

[1] 弗兰斯·范富格特（Frans van Vught，1950—  ），荷兰社会科学家、特文特大学高等教育政策教授，以高等教育创新理论、高等教育政策、政府与高等教育关系等方面的研究而闻名。著有《社会规划：美国规划思想的起源与发展》等。

"高效"的教学大纲时，这些新工作甚至尚不存在。因此，不足为奇，所有这些不断进行中的大学改革，其所宣称的目标永远不会实现，一个又一个雄心勃勃的战略或计划相继失败，而责任人却不必承担任何后果。

因此，毋庸置疑，教育制度正在试图剥夺个人实现自我的权利。同样无可争议的事实是，教育只是目前偏离启蒙价值观的生活领域之一，而我们的社会据称仍以这些价值观为基石。但问题是：这会不会是我们社会目前的结构性特征，抑或仅仅是由于我们缺乏意识、政治懒惰、轻信为自己谋私利的"专家"所造成的偶发现象？我更愿意相信是后者。也就是说，原则上，所有这些问题依然可以通过当代民主社会现有的手段来解决。就此而言，"实用自我"（applied selfhood）——如果可以使用这一表达的话——问题再次变得极为重要。"自我实现"也是自我成为一个社会主体的过程；经此过程，自我成为一个能够做出明智决断和政治选择的人。

鲍　曼：我们无法掌控的事情太多了，多到无法将其全盘托出。一旦我们解决了那些被认为无可药救的矛盾，总会有新的难题出现。为世界"去神秘化"的劳作可能会一直持续下去，因为一个谜团的破解几乎总会催生几个新的谜团；事实上，新发现的未知事物的数量，是衡量刚刚解开的谜团的重要性的最可靠标准。实证主义者的信条是，如果我们解决了 1000 个令人费解又挥之不去的问题中的一个，那么还剩 999 个问题有待解决——这与科学和文化领域的叙事完全相悖。

至于伊壁鸠鲁的建议——"不应该为那些我们完全无法控制的事物而烦心"，我们可能赞同，也可能反对，但无论立场如何，我们都不得不承认，问题无解的假定几乎从未阻止人类的求解之旅！如果说有一件事情总会超出我们的掌控因而无须烦心，那么它就是人类对无法驾驭之物忧心忡忡这一本能倾向。我们执意于捕捉那些逃避人类控制的东西，并为此设计出越来越新颖巧妙的捕网。以历史上看似不容更改的事物为例，譬如柏拉图、亚里士多德和美国宪法的作者们所支持的奴隶制，以及 20 世纪以前选举法的起草者们所否认的妇女的非公民身份。历史上总有人站出来质疑这些被默认为一成不变、无法控制的东西，试图对其重新归类，使之变为可管控之物。的确，人类历史是由一长串的重新归类活动所构成。再分类的历史正在徐徐展开，远未结束。可以说，饥饿是刺激饥饿者工作的唯一因素，而贪婪是刺激贪婪者让饥饿者工作的唯一因素，贪婪也是当今削减富人税收、减少对穷人进行社会援助的唯一刺激因素。如你引述的范富格特所相信的那样，用货币来计量的商业利益具有无上权威，它有权决定教育机构的招生范围和数量，及其提供和传授的知识内容与技能种类。

　　库切是一位伟大的小说家，同时也是一位伟大的哲学家和出众的人类心理分析师。很少有人比他更直截了当地表达这一简单的真理："赛跑者的唯一目标就是冲到前头并保持领先。可是，为什么人生必须是一场赛跑？为什么国家经济必须相互竞争？为什么不能为了健康而一起进行同志般的友好慢跑？这些问题至今无人质疑。一场竞赛、一场较量，仅此而已。"[7]但他补充道："战争并非不可避免。如果我们想要战争，我们可以选择战争；如果我们想要和平，我们同样可以选择和平。如果我们想要竞争，我们可以选择竞争——还可以选择同志般的友好合作。"[8]对此，我完全赞同。

这一切将我们的"自我生产"问题置于何地？库切在同一本书中指出，"真诚"（我要加上"本真"）这一概念如今已"被掏空了所有意义"。在当前的文化中，"很少有人能够区分真诚本身与表演出来的真诚，正如很少有人能够区分宗教信仰与遵守宗教仪式一样"[9]。自我实现被认为是一项DIY工作，是"自我的主人"不可让渡的任务。然而，浸淫于"现在主义"文化中的人们，正在遭受注意力萎缩、记忆力衰退、心浮气躁之苦。对于这些人而言，自我实现是一件极为复杂的事情，因为他们无法抵御诱惑，只能满足于自我实现的表演，而无法达成真正的自我实现。目前，用于表演自我实现的配套组件有大规模供应，且广受好评，这大大减轻了自我生产的压力。在嗅觉灵敏、追逐利润的大众媒体和连锁店的推波助

澜下，人们开始热衷于寻求并获得这些表演自我
实现的套件。

　　这里，我们会想到鲍德里亚的"拟像"概念，
它带给我们的启示是，寻求事物的真实或虚幻是
徒劳的；还会联想到欧文·戈夫曼所做的如下区
分：做好一项工作的能力，与说服公众相信这项
工作确实做得很好的技能，分属两种不同的能力。
戈夫曼警告我们，有人仅掌握了第二种技能，却
未获得第一种能力或忽视了对其的学习和实践，
这类"骗子"所带来的威胁日益严重。再次借用
库切的类比，可以说，如今打着"宗教信仰"旗
号进行宣传和兜售的东西，实际上是（已被仪式
化了的）走过场的技能，以及使用各种装备的技
能，以此向公众展示其假装的通透智慧。


**罗　德**：沃伊诺维奇只是把马尔库塞[1]早在

---

[1]　赫伯特·马尔库塞（Herbert Marcuse，1898—1979），德国
　　　裔美国哲学家、社会学家和政治理论家，法兰克福学派社会
　　　批判方向的一员。他主要研究资本主义和科技对人的异化，
　　　被誉为新左派哲学家、"新左翼之父"。著有《单向度的人》
　　　《审美之维》《爱欲与文明》等。

1964 年出版的《单向度的人》一书中的论断，用更加丰富多彩的语言表达了出来：一方面，社会制度的运作方式，给那些试图在社会制度之内保全自我——且不说实现自我——的个人带来了诸多问题，但另一方面，同样的制度却垄断了为所有这些问题提供解决方案的权利。它可以操纵这些问题的解决方案。或者，正如史蒂文·卢克斯（Steven Lukes）在讨论巴赫拉奇（Bachrach）和巴拉茨（Baratz）的观点时所写的那样，权力当然会试图施加影响，它决定哪些现象可以被视为合情合理的问题，哪些现象应该被排除在合情合理的抱怨之外。[10] 马尔库塞其实已经向我们展示，工具主义话语，也就是那些在我们这个时代支持"效率高于一切"这一理念的话语，是如何将原则问题削减为个人的不满情绪问题的，而这些纯粹个人化的情绪可以得到解决，同时又能使制度本身不受影响。[11]

在我们这个时代，20 世纪 60 年代以来出现的种种发展趋势，从表面上看似乎颇有裨益，其实不仅未能缓解上述问题，反而进一步将其放大了。

现在的情况不再是：体制咄咄逼人地将批评者边缘化。相反，它赋予了批评者发表意见的权利，也赋予了他们在众多亚文化环境中的合法地位，让这些人可以在不扰乱大局的情况下践行自己的选择。现如今，每个人都有一个标签，即使是最激进的体制反抗者也不例外。标签来自他们同意吃什么、穿什么，譬如素食者和严格的纯素食主义者，抵制雀巢公司和其他对环境不友好的跨国公司的人，反全球主义者，皮草抗议者，生态农民等。这些持有不同身份标签的人，和音乐亚文化或替代医学[1]从业者一样被纳入了现有体制。在马尔库塞生活的时代，正是因为一个人决定跳出"主流"，他才变得与众不同，并且与大量追随者一起获得影响力；现如今，这样的非主流已经变成了可选择的生活方式，在某些年龄段和社会

---

[1] 替代医学，英文是 alternative medicine，指任何能够达到医疗效果，但并非源于科学医疗方法的理论与实践。现代医学采用科学方法，通过符合伦理道德的临床试验来检验某一疗法的可信度，而替代医学则依赖于证词、逸事、宗教、传统、迷信、对超自然"能量"的信仰、伪科学等非科学来源。

群体中，它们与传统的生活方式一样主流，甚至更主流。

不过，我们或许不该对这一现象过于担忧？卢克斯接着描述了权力的"三维"模型，其中最后一层，也就是激进派通常批评的对象，是权力能以它喜欢的方式塑造臣民的信仰和观点，使他们真诚地想做统治者希望他们所做之事。他这样写道："权力能阻碍或损害臣民的理性能力，尤其是通过向其灌输和强化一些误导性或虚幻的观念，诸如何谓'自然本性'，以及这一独特'本性'决定他们要过怎样的人生之类；总而言之，权力可以被用来阻碍或钝化臣民的理性判断能力。"（2005：115）当然，这也带来了任何一派激进哲学的基本问题：我们凭什么说，若不受制于这种权力，这些臣民的理性能力就不会被抑制，他们实际上会选择不同的行为方式？为什么我们秉持的观念就不是误导性或虚幻的观念呢？

我记得在一档电视节目中，精通"神经语言程序学"的表演者达伦·布朗（Derren Brown）与演员西蒙·佩吉（Simon Pegg）交谈，前者让佩吉在纸上写下自己的生日愿望。经过又一番交谈后，布朗再次问他想要什么，佩吉回答说他的愿望是得到一辆 GMX 牌自行车。然后，哈！——工作室里就冒出了这样一辆自行车。然而，当佩吉大声读出他先前写在纸上的内容时，他惊讶地发现，就在刚才，他希望得到的是一件皮夹克。我对这种神乎其技保持适度怀疑，它可能只是为了制造娱乐效果。无论如何，该表演揭示了这样一种可能性：我们的真理观可能并非生发于我们自身的信念。这令人不寒而栗，因为只要再稍微努力，人们就可以利用不太复杂的技术来实现这一壮举。像布朗这样的人哪怕只有其所声称的能力的一半，我也敢肯定，他们当中一定有不少人受雇于那些总想洞悉我们所思所想的大公司或当权者。

这么看来，一个必须质询的问题是：我们如何才能真正确信，我们在捍卫自己的反权力立场时所运用的论据，其本身就不是其他权力干预后的产物呢？在我的至暗时刻，我有时会羡慕那些不被这个基本问题困扰而安稳度日的人，但每当我这样做的时候，我会想起伏尔泰《查第格》[1]第18章。在这一章，主人公与一位隐士结伴而行，这位隐士无疑是一位智者，但他的行为令人费解——他烧毁了一位和蔼可亲的哲人的家，而就在前一天晚上，他们还与这位哲学家进行了愉快的交谈；他们受到一位寡妇的热情款待，但这位隐士把她的侄子杀死了。隐士向查第格解释说，一切都事出有因：这位哲学家将发现埋藏在他家地下的巨大宝藏，这将使他变得非常富有；至于寡妇的侄子，这个男孩将在一年内杀死他的监护人。当查第格大声质问，能预知未来是否就有权伤害一个孩子时，隐士从普通人的模样幻化成了天使杰斯拉德（Jesrad）的模样，而这对查第格来说，问题就算了结了。[12]可对我来说，却无法了结，因为我无法释怀。这就是为什么我可能永远无法成为一名成功的政治家，更不用说神父或革命家

---

[ 1 ]《查第格》（*Zadig*）为法国启蒙文学家伏尔泰所著的中篇小说，写于1747年，副标题为"命运之书"。它以古代的东方巴比伦为背景，富有神话色彩和异国情调。作者通过主人公曲折的人生境遇，将许多极为风趣的故事连缀起来，给读者展现了一个充满哲理、虚实交融的奇妙世界。

了。纵然我认为追求自我实现的生活，比追求别人告诉我应该追求的生活更值得一过，但我真的有权将自己的观点强加于人吗？

正如杰斯拉德接下来告诉查第格的那样，邪恶之人总是不幸福的，他们的作用就是给极少数好人带来磨难[13]，而磨难大抵会迫使好人显露其善。恕我无法苟同，我尤其不能同意其中隐含的道德宿命论。当然，任何人都可以选择过有价值的生活，而且任何人都有多种办法做到这一点。但是，从一个稍微不同的角度来看，我们可以将杰斯拉德的告诫，转化为反对懒惰和自满的论据。我是要死心塌地追求属于自己的生活，还是接受一个舒适、现成的人生轨迹，并且按部就班地生活下去？我们可以把这看作一次考验吗？选择自己的人生之路更加困难，更容易犯错——甚至可能犯重大错误。随波逐流的人生排斥风险，而追求自我实现的人生招来风险——它需要承担前者剔除的风险。然而，对于选择这条险路的人来说，这是通往完满的自我实现的唯一道路。

当然，这并不是在为自我中心和个人主义辩

护。你（和库切）所说的合作与竞争的问题非常重要。我认为，真正的自我实现绝不能以牺牲他人为代价。恰恰相反：竞争要求每个人在同一领域都很强，而合作则可以发展那些属于你个人优势的领域——那些你可以为他人提供帮助的领域。唯有在不相互竞争而是相互完善的个体之间，有意义的合作才会发生。

鲍　曼：我们要当心杰斯拉德一类的天使们，他们到处都是，自伏尔泰生活的时代以来，他们的队伍人数呈指数级增长。正如伊利亚·爱伦堡（Ilya Ehrenburg）在他的讽刺小说《人，岁月，生活》（1960 年）中建议的那样，要想对他们的魅惑言辞充耳不闻，就必须成为圣人。查第格曾徒劳地尝试过，但他最终放弃了。在爱伦堡的讽刺故事中，一位圣洁的义人正在主持赎罪日的祈祷，他全神贯注地觐见上帝，并准备从上帝那里获得拯救犹太人免于灭亡的决定。这时，他注意到赫舍勒（Hershele），一个年老体弱、衣衫褴褛的挑水工，即将在长达一天的斋戒后咽下最后一口气。

这位义人立即结束了觐见，回到人间和犹太教堂，停止了祈祷。拯救整个民族，也抵不过老赫舍勒的一条性命。

在《第二次机器时代》一书的前言中，两位最权威的尖端技术代言人——麻省理工学院数字商业中心主任埃里克·布林约尔松（Eric Brynjolfsson）和该中心首席研究科学家安德鲁·麦卡菲（Andrew McAfee）——预言，技术将为我们带来"更多的选择，甚至更多的自由"，富足将取代稀缺成为常态。几行之后，他们沉着冷静地一笔带过："技术进步将使一些人乃至很多人被时代抛弃"，"对于一个只有'普通'技能和能力的工人，从来没有比现在更糟糕的时代了"。[14] 如今，杰斯拉德们比比皆是，但圣洁的义人和道德上（过度?）敏感又勤学好问的查第格们少之又少。

# 相连的自我

## 网络技术与现实世界：
## 人类的共存方式发生了怎样的改变

**罗　德**：前文中，我们谈论了科技对当今时代人与人之间的相连方式所造成的影响。显然，作为社会性动物，我们当中只有极少数人能够在不与其他同类接触的情况下存活，至少不可能长久地独立存活而不遭受严重伤害。但是，我们人类的联结方式真的重要吗？我认为，在 21 世纪，互联网已经取代了上帝，而且并非在"互联网无所不知"这一微不足道的意义上取代了上帝。据我观察，一个虔诚的教徒需要定期举行自己的宗教仪式，这一仪式可能是完整的礼仪秩序，也可能只是独自的片刻沉思，无论哪种，他都会坚持完成。如果被剥夺了这种可能性，他内心可能会产生一种无端的不安，某种存在意义上的孤独，一种与自己的心灵系统失去联系的感觉。我对互联网也有同样的感受。如果我有一会儿没查看电子邮件和脸书账户，我就会感到越来越难以集中

精力处理手头的事情——不是说我对手头的任务
兴趣索然，不是的，而是说我无法摆脱这样一种
模糊的感觉：好像有什么事情正在发生，我本该
参与，却没能参与。尤其是现在，即使我在森林
里散步，我也要随身携带一个电子设备，让我与
世界连接起来；如果某些技术原因导致它无法连
接，我会感到非常沮丧。

埃米尔·涂尔干[1]在他那个时代认为，宗教
经验是以客观实在为基础的，而"这个实在就是
社会。在神话中，实在有多种不同的表现形态，
但它是独特的宗教经验得以产生的客观的、普遍
的、终极的原因"[1]。因此，根据涂尔干的观点，
宗教不过是一种奇怪的编码系统，用来向人类
"在一起"（being together）这一事实表达敬意，
从而确保这种共存能够平稳地继续下去。他说，

---

[1] 埃米尔·涂尔干（Émile Durkheim，1858—1917），法国犹太
裔社会学家、人类学家，与卡尔·马克思、马克斯·韦伯并
列为社会学的三大奠基人，《社会学年鉴》创刊人，法国首
位社会学教授。涂尔干的主要思想集中于四部著作：《社会
分工论》（1893）、《社会学方法的准则》（1895）、《自杀论》
（1897）、《宗教生活的基本形式》（1912）。这些著作为社会
学成为一门独立学科奠定了坚实基础。

"信仰首先是温暖、生命、热情，是所有心智活动的增强，是个体的自我超越"；然后他问道："除了自我超越，个人如何才能提升自己的内在能量？他如何凭借一己之力超越自我？我们唯一能在道德上温暖自己的炉灶，就是我们与同伴一起建造的炉灶。"[2]对于不再信教的西方人来说，这个炉灶现在已经有了数字版本，而且没有任何宗教色彩。

鲍　曼：有时候，某种技术会比其他任何技术更能侵入、殖民、渗透我们的日常生活，我们对这一技术的虔信程度堪比宗教崇拜。你指出了技术与宗教之间的亲缘关系，可谓一语中的。"我们唯一能在道德上温暖自己的炉灶，就是我们与同伴一起建造的炉灶。"涂尔干的这句话，你引用得非常精准，完美地指出了"自愿奴役"（voluntary servitude）的种种变体与渴求人类陪伴之间的联系。

现如今，我们，我们中的每一个人，都时断时续，又相当频繁地同时生活在两个截然不同的世界：线上和线下。线下世界常被称为"现实世界", 但它是否一定比线上世界更"现实", 则越来越值得商榷。

这两个宇宙不仅在各自启发的世界观、要求人们掌握的技能方面差异很大, 在各自想象、拼凑和推广的行为准则 (你正确地称之为"礼仪秩序") 方面也存在着巨大差异。它们之间的分歧可以协商, 且的确正在协商, 但很难调和。要解决它们之间的冲突, 并为这两种迥然不同的、往往相互矛盾的准则或礼仪划定适用的界限, 只能仰仗穿梭于这两个世界之间的每一个人。但是, 从一个宇宙中获得的经验, 必然会影响我们看待、评价、穿过另一个宇宙的方式。两个宇宙之间的边界交通往往持续不断, 有合法的, 也有非法的, 但总是很繁忙。

我提议, 叙述现代故事的一种方式是, 将其描述为一场向一切不适、不便或不快宣战的编年史, 以及将这场战争进行到底并取得最终胜利的承诺。信息学技术受到的热烈欢迎和光速发展, 凸显了这种叙述方式的相关性和现实意义。在这个现代故事中, 心灵发生了大规模迁移, 从线下世界移至新发现的线上世界，这是心灵在其无数次背离和发展中最近、最具决定性的一次；毕竟，目前正在进行的战斗是在人际关系的界域展开的，而此域迄今对所有试图夷其崎路、矫其迂曲的努力都极为抗拒。在网络技术出现之前，人际关系中密布着尽人皆知的陷阱和埋伏，而这场战斗的目的，正是要清除其中的种种陷阱和埋伏。如果这场战斗取得胜利，那么它首先会将人类从长期承诺和义不容辞的重负中解放出来，进而使维系和断绝人际纽带的棘手工作变得轻而易举。许多人相信，甚至更多的人还理所当然地认为，互联网是一件神器，有了它，这场旷日持久的战斗必定取得胜利。

自然世界和社会世界中的种种无常，会带给人不便、不适和令人讨厌的意外。现代社会与这些阴魂不散的不确定感交战已久，这在历史上有一长串先例，但在 1775 年发生的三重灾难（先地震、后火灾、再海啸）的冲击下，这场现代战争才真正打响。这三重灾难摧毁了里斯本，彼时欧洲最富有、最令人景仰和引以为豪的文明中心之

一。在当时的知识精英看来，这次冲击揭示了将
自然和人类历史置于另一种管理模式的必要
性——在新的管理模式下，人类理性将占据主导
地位。两个半世纪后，乔纳森·弗兰岑[1]在他为
凯尼恩学院所做的毕业典礼致辞中提出，"技术的
终极目标（the telos of techne），是用一个新世界
来取代旧的自然世界。自然世界充满飓风、艰辛、
易碎的心灵和反抗的欲望，它对我们的愿望漠不
关心。而新的世界将会一直顺应我们的意愿，它
甚至完全成为人类自我的延伸"。他还指出，"当
下的技术已经非常擅于创造符合我们性幻想的理
想产品，为我们缔造虚幻的情爱关系；在这一关
系中，心爱之物对我们不仅一无所求，还能有求
必应，它让我们感觉自己无所不能，即使我们把
它扔进抽屉，用一个更性感的物品取而代之，它
也不会大吵大闹。"³弗兰岑的演讲备受好评，这是

---

[1]  乔纳森·弗兰岑（Jonathan Franzen，1959—  ），美国小说
     家、散文家。凭借小说《纠正》（2001）获美国国家图书奖，
     被《时代》周刊誉为"伟大的美国小说家"。迄今已出版
     《纠正》《自由》《纯真》《地球尽头的尽头》《如何独处》等
     作品。

理所当然的。

换言之，旧梦是否即将成真，文字的预言是否即将成为现实？既然科技为我们卸下了最令人烦恼的生活重担，那么是否可以说，这场持续了几个世纪的、旨在消除生活中的不快的战争即将取得胜利？对于这个问题的裁定，陪审团一定还尚无定论——倘若真的存在这样一个有能力做出判决的陪审团的话。难以裁定的原因在于，科技所获得的接二连三的战利品，每一件都暗中标好了价格，利弊得失需要全盘计算——但有理由相信，我们应该通过追溯来计算之；然而，有效追溯的时机尚未到来，终极评判更是遥遥无期。

**罗　德**：我可以打断一下，对弗兰岑的话稍做评论吗？他的演讲词让我想起了西蒙娜·薇依最初发于 1934 年的一段话，她做出了与弗兰岑截然相反的批判：

> 这些工具不再按照人类机体的结构来设计，而是迫使人类机体适应工具的形状。这

样一来，人的外在行动与内在激情之间就不
再有任何对应关系；内心不得不摆脱欲望和
恐惧，竭尽全力在传达给工具的动作和所欲
实现的目标之间建立一种精确的关系。[4]

薇依所担心的似乎是，作为人类，我们被迫变异
为与我们自身格格不入的形态；而弗兰岑担心的
是，现在的技术恰恰为我们提供了我们所渴望的
东西。那么，哪一种情况更糟糕呢？又或者，归
根结底，他们实际上从不同的角度探讨了同一个
问题？表面上看，弗兰岑指责技术给予了我们最
想拥有的东西，而薇依则批评技术迫使我们成为
我们所不是的人。但我认为，弗兰岑的抱怨只是
薇依观点的一种变体。他所说的"符合我们性幻
想的理想产品"，也许只是社会悄然强加给我们的
理想。这一次，我没有被激进哲学的基本问题所
困，因为我是在表达自己的观点：我不想接受科技
行业期望我采纳的理想——起码我的"不想"是
出于自愿。如果我被塑造成它们所期望的样子，
这将是"我"作为一个人的失败。问题多多的现

实世界没变，变的只是我的个人愿望，它被新滋生的愿望取代了。其结果与薇依描述的一样：我自己的真实激情与我所表演出来的——即使是不无感情的——动作之间没有关联性。我不仅被剥夺了忧虑，还被剥夺了欲望，而我恰恰需要同时拥有这两样东西才能在情感上成为一个完整的人。如果我"想要"的东西被立即给予了，那么我也就没有了欲望——因为我只能渴望那些我无法立即得到的东西。欲望是一株植物，不是一粒种子。它必须生长。

**鲍 曼：**在他们各自的论述中，西蒙娜·薇依的出发点是生产者社会，弗兰岑的出发点则是我们当前所处的消费者社会。因此，他们对"我们是谁"和"我们渴望什么"的愿景，立足于自我的不同面向。两种愿景似乎都是准确的，其表面的对立源于语境的不同，而每种愿景的"理想化"又进一步加剧了两者的对立。劳动人（Homo faber）[1]

---

[1] 又译为"创造之人"，它是一个哲学概念，强调人类通过创造和使用工具来改变自然环境和满足自身需求的能力。

和消费人（Homo consumens）都是离经叛道的主体，对他们而言，"我是"的愿景和"我能做到/我希望它是/它应该是"的模式是分离的，并且相互龃龉。他们都受"应然驱动"——但各自的越轨冲动有着不同的指向：对生产者而言，其目标是"外面"的世界；对消费者而言，其目标是"我自己"。薇依认为，生产者向机器让渡自我，因此丧失了自己的创造潜能，或被机器剥夺了自己的创作者身份，使自己的行动屈从于机器的冷漠安排，譬如弗雷德里克·泰勒[1]的工作台，或亨利·福特的装配线。于是，人类沦为"机器的附属品"，这些精巧的装置意在祛除人类的情感和意图对劳动结果施加的影响。相比而言，弗兰岑所提及的人类，则是被诱惑包围的消费者，这些诱惑诉诸消费性身体的情感，而不诉诸作为劳动力载体的生产性身体的需求。薇依说的是被征占（expropriation）的人类客体，弗兰岑说的是被挪

---

[1] 弗雷德里克·泰勒（Frederick Taylor，1856—1915），美国管理学家、机械工程师。他提出了一套行之有效的提高工业效率的方法，因而被誉为"科学管理之父"。人们有时用"泰勒主义"指代科学管理。其代表作为《科学管理原理》。

用（appropriation）的人类主体。

　　我们还可以从一个略有不同，但又相互关联的角度来看待这种差异。尽管劳动人和消费人在理想型上存在种种差异，但他们最终都陷入了类似的依附状态，丧失了部分自主性。有鉴于此，为了征服这两种人的自我，社会需要运用截然不同的权力。借用哈佛大学政治学教授约瑟夫·奈（Joseph Nye）的术语，为了征服劳动人的自我，社会使用的是"硬"权力；为了征服消费人的自我，社会使用的是"软"权力。换言之，对于生产者社会而言，它主要通过胁迫和强制执行的手段削减或消除可用选项，从而追求和实现治人的目标；对于我们当下所处的消费者社会而言，它主要通过源源不断地刺激新的欲望和诱惑，来实现这一目标。正如皮埃尔·布尔迪厄在《区隔》（2007 年）一书中所指出的，消费者社会是通过广告，而不是规范化管理来达成所愿。

　　现在，请允许我回到数字信息学这一技术上来。我认为，这种技术目前对自我的生产至关重要。阿兰·芬基尔克劳特（Alain Finkielkraut）是一位作家兼哲学家，他刚刚当选法兰西学术院院士，成为屈指可数的"不朽者"中的一员。他谈及互联网的"灾祸"时，曾这样说道：

> 毫无疑问，它（互联网）提供了海量的服务……研究员、学者们都乐见其成，因为他们不必亲自去图书馆了；记者们可以更快地填写受邀嘉宾的档案；等等。我相信，在这个沟通的世界里，人们可以畅所欲言……但与此同时，这是一个没有信仰、没有法律的世界。在互联网上，禁止行为本身是被禁止的。[5]

总而言之，互联网有利有弊，福祸相依，且密不可分。

互联网带来的好处多种多样。除了芬基尔克劳特提到的那些，我认为互联网最重要的一点好处是，它为我们这个流动、彻底个人化、人际联系普遍脆弱的现代社会做出了一个承诺：它将终结这个社会的烦恼之源，即人们对孤独、被遗弃和被排斥的恐惧。在脸书上，人们再也不会感到孤独、被抛弃、被淘汰，再也不必自作自受、独自叹息。每天 24 小时，每周 7 天，总有人在某个地方随时准备接收甚至回复你的信息，至少会确认收到你的信息。在推特上，人们永远不会感到自己被迫置身事外，无法亲身参与热闹，因为在这个公共舞台的入口处，根本没有禁止人们进入的门卫。人们不需要依赖电视或广播节目制作人的恩惠，也无须仰仗报纸或杂志编辑的仁慈。通往公共舞台的大门似乎一直敞开着，充满诱人入内的魔力，并配有访问量和点"赞"记录——这相当于私人的电视收视率、畅销书排行榜或票房收益表。得益于互联网，每个人都有机会获得 15 分钟的成名时间，并在这一刻钟内重新燃起跻身名流的渴望。凡此种种，如今看起来轻而易举，且触手可及，然而，这些在过去是不可想象的。成名的诱惑力在于，在我们所处的名利场般的世界，一个人的名字和肖像比他所取得的世俗成就更有价值。

毫无疑问，这些都是互联网带来的福祉。当今世风日下，排外盛行，数百万人生活在担惊受怕、屈辱不堪的绝境中，每天垂头丧气，呻吟不已；起码对这些人而言，他们有充分的理由将互联网带来的变化视为福祉。而地球上的总人口越来越多，地球居民的上网时间也越来越长，这会带来难以估量的损失。诚然，互联网所产生的福祉足以抵消其潜在损失。但我们仍需注意这样的一个事实：大多数情况下，网民和网瘾者悠哉游哉，完全不知道他们即将失去什么，或已经失去了什么，因为他们很少有——或根本没有——机会亲身经历已然失去的东西，自然也无法珍惜这些东西；今天的年轻一代出生在一个裂变为线上和线下两域的世界里，对他们来说，这个世界似乎自古如此。互联网造成的损耗或丧失，到底是什么呢？

首先，我们的心智正在遭受（或疑似遭受）损失。注意力、专注力、耐心，以及它们的持久性，是使我们成为明智、理性之人不可或缺的素质，这些能力需要被合理调配，进而充分发挥作用。每当网络连接的时间长达一分之久，许多人会对电脑的迟钝感到愤怒。我们越来越急功近利，总是期待立竿见影。我们希望这个世界像一杯速溶咖啡：只需将粉末混入水中，即可饮用。我们正在失去耐心，而耐心恰恰是取得任何伟大成就的必备品质。生活之路布满了始料未及的困难，它们会扰乱我们的规划、粉碎我们的希望，我们必须不畏险阻，勇敢前行。对此，有人做过大量研究，其结果普遍显示，人们的注意力持续时间、持久专注的能力，以及恒心、耐力、坚韧等定义耐心的美德都在下滑，而且下滑得很快。有大学教师指出，他们的学生越来越难以从头到尾读完一篇文章，更不用说读完一本书了。一个需要持续专注地阅读超过几分钟才能明白的论点，学生往往在读到结论之前就放弃了。如今，互联网的应用程序五花八门，小工具层出不穷，它们时刻争夺着人们（即使是片刻）的注意力，于是"多任务处理"已成为人们上网时的首选策略；考虑到机会成本之巨大，一次只关注一个屏幕，让人感觉是在浪费宝贵的时间，应受到谴责。

当然，还有一些间接、附带的损失，尚未被完全统计出来，人们需要对此进行更多的研究，才能给予准确的评估。不过，注意力的枯萎和加速涣散所造成的诸多损害中，最值得仔细研究且可能潜在损害最大的，则是人们的倾听意愿、理解力，以及"深入问题核心"的决心的不断衰退（在网络世界，我们在视觉或听觉的信息流中"冲浪"；"畅游"这个不久前还颇为流行的说法，现在已经无人问津了，因为它传达出一种耗时过长，且需要深度沉浸以致延缓进展的意味，令人反感）。这反过来又导致了人们对话技巧的不断退化——而在线下世界，对话恰恰是至关重要的交流形式。与上述趋势密切相关的，还有互联网对人类记忆的潜在危害。现如今，记忆不再存储于大脑中，而是逐渐转移至服务器，委托它来保管。由于思考过程（尤其是创造性思考）依赖脑细胞之间的连接，将信息存储在服务器中不免会影响人的正常思维。早在第一批服务器在莫哈韦沙漠建成和云网络发明之前，约翰·斯坦贝克就曾说过：想法犹如兔子，起初你有两只，只要养护得当，很快就会有一窝。我们可以补充一句：思想的飞速增殖的确如此，但为了不给自己的大脑造成负担，把它们放在仓库里，却不是正确的处理方法。

　　接下来，我们要考虑互联网对人类纽带的可能影响。与线下相比，在网上缔结纽带、切断纽带要容易得多，风险也小得多。线上缔结的纽带无须承担长期义务，更不需要"无论好与坏，至死不分离"式的郑重承诺，也不像线下纽带那样需要如此旷日持久、艰苦卓绝、认真勤勉的付出来维系。如果这一切显得过于繁重复杂，令人感到困难重重，人们就会放弃努力、轻松退出。而切断纽带只需在键盘上按一些键，没有令人尴尬的协商，也不会出现弗兰岑笔下"大吵大闹"的可怕场面。你可以选择一个朋友圈，也可以放弃这个重新选择另一个，而且想维系多久就维系多久。这些都是不需要多少技巧，甚至无须怎么努力就能轻易实现的事情，而且在虚拟世界中几乎没有风险。

　　难怪许多互联网用户在两相比较之后，更喜欢与人缔结线上而不是线下的纽带。持这种看法的网民越来越多。但也有不少人认为，这样做对

友谊、对自己都是有害无益的，更不用说对爱情
了。他们认为，真正的爱情是艰难的、冒险的，
需要不断的照料和频繁的牺牲，而推崇全身而退、
明哲保身的电子爱情则恰恰相反；作为真爱的虚
假代餐，电子爱情是加了滤镜美化的，它并不像
《小王子》的作者圣埃克苏佩里所说的那样"望向
同一个方向"，而是一场对赌练习，其重点是保护
自己免受各种真实和假想的危险——可是，构想、
建立和维护一段成熟的爱情关系不可避免地会遭
遇这些伤害。追求电子爱情关系，是出于对安全
的渴望，就像戴安全套的性爱一样。

万维网的福祸之辩中，还有一个问题需要讨
论——这个问题可能最具争议。我们现在可以轻
松便捷、"实时"且全面地了解世界大事，也可以
轻松便捷、不受干扰地登上任何公共舞台。许多
观察家对此喜闻乐见，认为这是现代民主在其短
暂多变、风雨飘摇的历史上一个真正的转捩点。
人们曾经普遍期待，互联网将成为民主历史上的
一大进步，它能使我们所有人都参与塑造我们共
同的世界，并以"横向"（lateral）政治取代固有

的"权力金字塔"。然而，与人们的期待恰恰相反，越来越多的证据表明，互联网可能会延续并加强冲突与对立，同时阻止有效的多方对话，致使错失停战的机会，无法达成最终的协议。吊诡的是，这种危险源于大多数互联网用户的逃避倾向，即把网络世界变成一个无冲突的区域——不过，他们解决冲突的方式不是通过谈判取得令双方满意的结果，而是把困扰线下世界的冲突从他们的视线中移除。眼不见，心不烦。

　　大量研究表明，互联网的忠实用户可以并且确实把大部分时间乃至其全部网络生活时间，都花在与志同道合的人打交道上。互联网创造了一个改良版的"封闭社区"：与线下社区不同，它不向居住者收取高昂的租金，也不需要武装警卫或复杂的闭路电视网络；它只需一个简单的"删除"键。无论是线上社区，还是线下社区，所有封闭社区的吸引力都在于，人们只与自己严格筛选的人——"自己的同类"、志同道合的伙伴——生活在一起，而不必受到陌生人的侵扰。人们总是坚信自己的生活方式是正确且唯一的，必然会得到视线所及的每个人的认同，一旦有陌生人站出来挑战你的生活方式，你们可能需要就共处模式进行尴尬的协商。与自己甄选的友邻为伴，就不必冒着与邻居闹翻的风险；也不会冒着因政治、意识形态或任何其他问题而陷入争执或打斗的风险，惴惴度日。你选择的人是你自己的镜像，你也是他们的镜像。这确实会创建一个舒适的安居之地，与城市街道和工作场所中熙熙攘攘、鱼龙混杂、争吵不休的人群隔绝开来。可是问题在于，在这样一个经过人工消毒的网络环境中，人们很难对线下世界特有的毒性争议产生免疫力，也很难学会如何巧妙地祛除这些争议中的病态乃至凶残致命的元素。正因为人们没能掌握这门技艺，城市街道上的陌生人之间的分歧和冲突就显得更具威胁性——甚至无法根除。网络上产生的分歧具有自我推动和自我加剧的能力。

上面描述了"生活世界"已被分割为线上和线下两个世界，并列举了这一做法的实际和潜在的优缺点。诚然，这个清单还远不够完整。我们现在去评估人类状况和文化史上发生的分水岭式转变及其所产生的总体影响，显然为时尚早。就目前而言，互联网和数字信息学作为一个整体，有利有弊，其弊端可能只是反映了新生命形态意料之中的分娩阵痛，及其成熟过程常常伴有的痛苦。的确，网络世界在舒适度、便利性、规避风险和摆脱麻烦等方面获得了更高的评分，但这将带来难以预料的严重后果。它会有意或无意地促进或加强一种趋势，即把用来衡量线上生活领域的世界观和行为准则，移植到线下生活领域。这种错配势必会造成很大的社会危害和伦理危害。

无论如何，我们需要密切关注把生活世界分割为线上和线下所导致的后果。

**罗　德：**我试着总结一下你提出的几个观点，将它们与没有互联网的世界进行比较。首先，你提到了多任务处理。我认为，它不是我们的主动选择，而是环境对我们的要求。一封电子邮件的来信提示音会打断我手头正在处理的文件，就像门铃会打断我的工作一样。接待完来访者，我就可以继续刚才的工作了。一家人坐在电视机前看电视，此时广告插入，大家为了谁该拿遥控器而争吵不休，屏幕上的节目从情景喜剧切换到足球比赛，再从足球比赛切换到脱口秀，最终所有人对他们追看的节目都只有一点残缺不全的印象。好吧，电视也许仍算作一种技术。那么想想传统的家庭主妇吧。她一边在烤箱里烤着食物，一边煮土豆，还要时刻关注婴儿是否需要换尿布，以及洗衣机是否即将洗完衣服；此外，她还必须倾听她的大孩子讲述的校园霸凌故事，并做出充满同情的回应。要我说，这位家庭主妇一心多用的强度，比我们在互联网上所做的大多数事情所耗费的心力强度都要大；最起码，在这两种情况下，多线程处理对人的心智所造成的伤害是一样的，而且基本没有锻炼心智的空间。

　　人际关系方面的差异又如何呢？原则上，我完全同意你关于人类纽带的观点。我确实觉得直接与人面对面交流，而不是通过机器，尤其是匿名机器交流，总归更好一些。但在实际情况中，特别是在传统社会里，真实的人际交流也未必总是那么理想。诚然，打破线上关系非常简单，而且如我之前所说，它会助长懒惰，为解决存在主义的问题提供了一条简易的出路。然而，传统"社群"（Gemeinschaft）及其在当代盛行的"团队精神"中的延续，也不见得是我所喜欢的，因为它们强加给每个成员一种无法退出的心态，和一种并非出自个人选择的价值体系。这种价值体系偶尔可能是美好的、积极的，但有时是黑暗的、压抑的。宗教社区中怀孕的单身女孩自杀事件，或者性少数群体的情感悲剧，都表明脱离一个团体并非易事，尽管逃离几乎是他们唯一的出路。我们可能都更喜欢一种平衡状态：身份平等的个体之间形成的对称人际关系。这当然是我的期望，但在实践中很难实现。

最后，你认为"互联网可能会延续并加强冲突与对立，同时阻止有效的多方对话"。在某种程度上，情况确实如此。譬如，激进分子和极端分子可以利用互联网这一有效的招募手段，在他们以前无法触及的地方招募支持者；即使在温和得多的环境中，网络"喷子"和仇恨言论也在激增。但诸如此类的冲突与对立，其根源不在互联网本身，而在使用互联网的人。我同意，互联网为这些人的胡作非为创造了更多可能性；然而，它也让不少话语权较小的人能够大声疾呼，甚至让其与持异见者产生有趣的横向联系。我承认，我在脸书上花了不少时间关注并偶尔参与政治或哲学讨论，这些讨论有时会非常激烈，令双方感到意犹未尽，不愿退出。各方参与者很可能都已经意识到，他们永远无法完全说服对方，但至少他们可以让对手中比较理性的人明白其论点的运作逻辑。有时，你会感到惊讶，那些与你大部分观点都一致的人，竟然也能提出你无论如何都不会支持的观点。因此，网上的争论说不定与陌生人在酒吧里就堕胎问题进行的辩论，一样有效，甚至可能更好。别的不说，这些众包[1]而来的信息，其渠道多种多样，乃至来路不明。它们于我而言是一笔财富，如果要我自己去收集的话，我得在各类图书馆中花费更多时间。

---

[1] 众包，指一个公司或机构把过去由员工执行的工作任务，以自由自愿的形式外包给非特定的（而且通常是大型的）大众志愿者的做法。

总而言之，在我看来，这不是互联网的错，而是互联网用户的错。我们不妨将之视为又一个杰斯拉德测试[1]，它让我在以下两条路径之间进行选择：一是走我自己的路，在互联网的加持下我会更有成效；二是舒舒服服、轻轻松松地踏上现成的道路，接受文化产业为我锻造抑或伪造的理想。此外，这是一种需要不断做出的选择，就像生活中的其他事情一样，我们时而走一条路，时而又会走另一条。这也许是人类不可避免的宿命。

**鲍　曼**：在哈尔·阿什贝（Hal Ashby）1979年执导的电影《富贵逼人来》（*Being There*）中，主人公钱斯（Chance，彼得·塞勒斯饰）成年后一直住在老板家，他只能通过电视屏幕观看外面的世界，被老板赶出家门后，他多年来第一次踏上繁忙的城市街道。首先映入眼帘的，是一群身着黑衣、打扮怪异的修女，他从未在电视上见过

---

[1] 杰斯拉德测试（Jesrad's test），伏尔泰在《查第格》中所描写的一种道德困境。

这样的形象，因此感到费解，大为震惊。大概是想换台，抹除眼前这幅令他震惊的画面，钱斯伸手去掏他那永远放在衣兜里的电视遥控器；可是，任凭他如何尝试，他都无法切换眼前的画面，这让他感到非常困惑。他被放逐到了一个神秘的城市世界，面对那些令他深感厌恶和不安的画面，原先可以让他轻易摆脱的方法——那个他在电视屏幕前花很多时间学习的方法，现如今却丝毫不起作用。钱斯确实有足够的理由感到惊慌失措。

30 多年后，我们回过头来看，这一幕仿佛是对未来困境的预感或预见。如今，我们的生活被分割成线上世界和线下世界，两个世界各有不同的可能性和要求。来自一个世界的意图和期望，难免与另一个世界特有的现实发生冲突。我们每天，甚至每小时都穿梭于这两个世界，因此总会不断遭遇诸如此类的冲突：我们从网上获得、训练、巩固的意图和期望，与我们回到线下世界后面临的现实相龃龉。由此观之，孤身一人的钱斯与成百上千万的当代网民何其相似，两者的最大区别在于，钱斯成了一个滑稽可笑的人物，但没有人会嘲笑他那成百上千万的后代的迷失和窘境。

在网络世界中，任何人都可以规划出一方"安全区"。它是一个没有冲突、不快和不便的安全空间，居住于此的都是平易近人、志趣相投，因此不会与他人发生争执的人——这在大多数工作场所、繁忙的城市街道，甚至在短暂而随意的城市漫步中，都难以想象。我重申一遍：这样的安全空间在网上颇易搭建，在线下却无法实现，甚至令人难以置信。把自己囚禁在这样一方空间，最严重的后果是，他的对话能力会逐渐衰退、枯萎、消亡。我所谓的对话能力指的是，掌握真正的对话艺术，能够面对面地接触不同的世界观、价值层次和优先级——这些在线下世界无法避免的异物，在线上世界却可以轻易绕过。

因此，当你说这不是互联网的错，而是互联网用户的错时，你只说对了一半。如果没有互联网，人们就不会养成躲避"现实生活"中的危险的惯习，也不会在遁入网络世界的同时拒绝接受现实的考验和洗礼，故而丧失了直面并理解不同观点，进而协商出一种于各方都有利的权宜之计的意愿和能力。我要补充的是，拥有这种意愿和能力，认真学习并培养将之付诸实际行动的技能，对于我们这个不可逆转地多样化、散居化、多中心化的世界来说，无异于一个生死攸关的问题。

我一再重申，我所说的是计算机技术创造的机会，这种机会在互联网以外的领域要少得多，也更难以获得。话虽如此，我并不主张"技术决定论"（就我所知所信，它是一个危险的谬论）。人们可以利用网络技术带来的机会，也可以不利用。显然，原则上每个人都可以跟你一样选择上网"参与时而非常激烈的政治或哲学讨论"，而不让自己沉溺于自我感觉良好的网络回声室中。可是，由于互联网技术的发展，人们可以轻易地逃离前者，选择后者，人们也的确这样做了——鉴于线下世界的吵闹不休和暴戾之气，遁入网络密室确实很诱人。

技术并不决定人类对技术的使用方式，却极大地影响着人类使用技术的方式的概率分布。它使一些选择变得更容易、成本更低，因而被人选择的可能性更大；与此同时，它使另一些选择变得更困难、成本更高，因而被普遍选择的可能性更小。这正是近来关于网民实践的研究得出的结论。因此，虽然你说得完全正确，我们没有——也不可能——被彻底剥夺选择权，"我们时而走一条路，时而又会走另一条"，但在计算机技术的帮助和教唆下，我们大多数人在大多数时候都会沿着"文化产业为我锻造抑或伪造的理想"之路蹒跚而行。论及传统社会与网络社区的孰是孰非，你提到了"我们可能都更喜欢"的人际关系模式，但"我们可能都更喜欢"是一码事，而人类实际选择的频率和共性则是另一码事。

这里，我冒着自我重复的危险，再次澄清一点：技术问题并不局限于那些滥用互联网，将之作为招募手段的"激进分子和极端分子"。事实上，对这些人而言，把自己封闭在一个无不适感的网络社区会适得其反——只有那些幼稚天真、粗心大意或训练不足的拉票人、传教士或招募官才会采取这种策略。技术所诱发的真正问题，在于那些受其诱惑而遁入网络世界的亿万网民。他们躲进回声室和镜厅，安居于不受质疑、不受干扰的宁静中，希望增强自我的价值感，或者更好地捍卫自尊。久而久之，他们会忘记如何在熙熙攘攘的线下世界中捍卫自尊，忘记如何在线下世界参与"非常激烈的政治或哲学讨论"——而在这个世界中，引发激烈争辩的不仅仅是政治或哲学讨论。

**罗　德**：但任何技术上的进步，都必然会创造新机会，让人们利用它做蠢事，难道不是这样吗？如果说互联网是一个放大镜，可以将智慧和愚蠢都放大到极致——当然，愚蠢会更显眼——我们能将愚蠢归咎于这个工具吗？的确，互联网与类似的技术进步很不一样，它为人们提供了不可抗拒的诱惑，而且这些诱惑在数量和程度上都可谓前所未有。的确，比起上网，有太多的人本可以、也应该做些别的事情，却屈服于网络的危险魅惑，除了睡觉，他们大半时间都居住在网络世界。所有这些都无比真实，甚至实际情况比这还糟糕。现如今，令人愉悦的线上活动甚至可以满足你的线下需求，于是人们参与传统社会的必要性变得越来越低。爱德华·卡斯特罗诺瓦（Edward Castronova）告诉我们，《无尽的任务》这款网络游戏中有一个叫诺拉斯（Norrath）的星球，早在 10 年前，它的人均国民生产总值（以实际货币计算）就和保加利亚的不相上下了。[6]这是因为，在该星球上完成试练任务所获得的东西可以卖给经验较少的玩家，从而换取现实生活中的一大笔真实货币。难怪当这款游戏的玩家被问及住址时，约 20% 的人回答说他们住在诺拉斯星球，只是经常外出旅行。此外，还有约 60% 的游戏玩家希望在那里度过更多的时间。[7]可以想象，这种趋势并未消失。如此一来，未来的地球上可能会出现大量僵尸化的身体，他们的精神永远生活在别处。那么，我赞成这样的发展态势吗？当然不。

但这又一次引发了激进哲学的基本问题：我凭什么告诉这些人，他们过着一种不正确的生活？如果他们感到不快乐并寻求帮助，或者具有攻击性且对他人施暴，我才会告诉他们，他们的活法是错的。譬如那些酗酒和滥用药物的人，通常满足这些条件。然而，沉迷网络的人不在此列。与线下生活相比，线上生活似乎更让网民感到心满意足，而我们这些知识分子却对他们规劝道，上网并不会带来"真正"的快乐。有新闻报道强调，网瘾者容易犯罪，但两者的相关性不无争议。以挪威的大屠杀凶手安德斯·布雷维克（Anders Breivik）为例，虽说他在成为冷血恶魔之前的确沉迷于网络，但在我看来，像英国记者理查德·奥兰治（Richard Orange）那样质问"受教于维基百科、受训于魔兽世界"的布雷维克是否真的是"互联网的产物"[8] 是不正确的。某种程度上，这样的质问似乎在为布雷维克开脱罪责：任何人都可以合法使用互联网，如果他是互联网的产物，那么至少在一定程度上，他杀害儿童的罪责应归咎于现行体制，而不是他本人。我坚决反对这种说法。互联网可能为他疯狂世界观的形成提供了沃土，但他的罪责应该——而且只能——由他本人承担。无论互联网存在与否，他都很有可能演变成一个危险的疯子，正如在他之前的许多暴力原教旨主义者那样。根据安妮·斯蒂克尼（Anne Stickney）的说法，截至 2014 年，"魔兽世界"社

区有近 800 万用户，要从统计学的角度证明游戏
与过度暴力之间的有效关联，仅凭人们对个案的
公愤情绪是不够的，还需要更多有效的证据。

这么说来，我们也许应该把网瘾当作一种症
状，而不是病因。人们上网，也许纯粹是经济、
社会和文化问题使然？他们遇到了个人无力解决、
别人也无意解决的深层问题，故而只能求助于网
络。我记得几年前，我和儿子一起游览一个萧条
压抑的国外小镇。第二天，他开玩笑说："本地人
似乎只有三种方式逃离此地——去教堂、酗酒、
上网。"长远来看，上网可能是三者之中危害最
小的。


**鲍　曼**：我从未想过"将互联网视为病因"。
（需要重申：多年来，我坚决抵制任何让人联想到
技术决定论的东西，无论是旧式的还是"新的改
良版"。）我认为它也不只是"病症"。技术会影响
人们的选择，它扭曲、改变和重组每个选项被选
中的概率：一些选项因为技术而变得更容易、成
本更低，因此更有可能被采纳，而另一些则在人

们追求舒适性、便利性、可得性的竞争中败下阵来，因此被采纳的可能性下降。就拿你儿子的例子来说，本地人想要"逃离此地"的原因与互联网固然没有直接关系，然而，如果没有互联网的诱惑在先，加入"魔兽世界"社区（而不是去教堂或加入酗酒者行列）的人数也不会如此众多。换言之，古往今来，无论何时何地，总有人希望"逃离"，但自从有了随手可得的互联网，人们实现逃离的愿望似乎比以往任何时候都更安全、更方便，风险也更小，因此更有可能做出逃离的选择。再补充一句：在与教堂或酒精的竞争中，互联网之所以能轻易胜出，是因为它有一种增强自我价值感的力量；网络带给我们一种讨人喜欢的"亲力亲为"之感，且为网民赋予了集作者和行动者于一身的"创作者"（auctorial）光环——而这些东西在官方教会和在客人烂醉如泥的酒馆中显然不存在。

**罗　德**：有人随时随地想"逃离"，我认为这很正常。但万一"逃离"的渴望是你一息尚存的最后迹象呢？在世界各地，越来越多的人想要"逃离"，无论是在第三世界的贫民窟，还是全球主义文明的中心地带，"逃离"的渴望正在蔓延。有能力的人一旦有机会就会想方设法离开。那些适应并内化了大环境的丛林价值观的人，将成为需要解决的问题的一部分。然而，大多数人都被困住了。把信息技术带给穷人，其初衷是为他们提供受教育和利用信息高速公路的机会，进而使他们对自己的生活有更强的掌控力——但这样也很容易剥夺他们所拥有的一切。因此，这是一项尚未完成的任务，因为它还没有被思考透彻。

也许这就是问题的核心所在。我们根本无法回到一个没有互联网的世界。在无法上网的世界里，我们连现在的对话都无从进行。因此，我们要与互联网保持清醒的关系。18世纪，当纸币被引入欧洲时，法国的金融部门并没有清楚地认识到它的本质，出生于苏格兰的财政总监约翰·劳（John Law）决定通过发行大量纸币来创造必要资源，从而解决国家的问题。事实上，他的所作所为反而使法国陷入了经济混乱——而这有效地促进了法国大革命的爆发。我还是要重申，纸币这一概念本身并没有错，错的是纸币使用者的粗心、贪婪和有限的理解力。任何重大的技术革新都可能酿成灾难性的后果，唯有小心谨慎、深谋远虑地加以处理，才可能规避风险。

基于这一共识，我们不妨试着反转薇依的论点。她说，技术不仅不遵守我的规则，反而强迫我适应它们的规范性规则；故而，于我而言，是不甚"友好"的——想到技术终将造福于谁的问题仍不明朗，它们就显得尤为不"友好"了。原则上，我同意薇依的观点。但从另一角度看，我们也可以说，从石斧开始的技术创新之所以促进了人类的进化，正是因为它们迫使我们去适应它们。薇依说，斧头等工具是我们身体的延伸，不是与我们对立的异物。[9] 但这种说法并不完全正确。我们现在的手形，就是我们使用这些工具作业的结果。我们的拇指与其他手指分开，这使我们能够进行诸多复杂操作，而人类的近缘物种则无法胜任。如今，有人患上了一种叫作"黑莓拇指"的指关节疾病[10]，这是一种因长时间使用黑莓智能手机打字而引起的手部剧痛。也许是智能手机最终适应人手的形状，也许是人手的形状最终适应了智能手机。但无论如何，身体与技术的互动不会无迹可寻。同样，心灵与技术的互动怎能了无痕迹呢？我们知道，以前的技术飞跃，如书写、印刷和电报，不仅改变了我们的社会文化秩序，也改变了我们感知事物的方式。可以预料，互联网也会引发类似的变化。关键在于，如何在不破坏我们所珍视之物的前提下让变化发生。这里的"我们"，不仅指你我这样的知识分子，还包括每个愿意保护人类所珍视之物的人；我们一同努力，使之免受网络技术的威胁。

这意味着，我们应该继续未竟的任务：人们应该对自己的世界拥有更强的掌控力。我想，有些事情是可以做到的，甚至不费吹灰之力，比如学校课程。学校经常在不同科目中引入提高认知的内容，以便训练学生对各种类型的他异性客体产生共情的能力，而且还开展了提高禁毒意识、生态意识和控制性行为的运动。令人欣慰的是，在我们生活的时代，简单地告诉人们该做什么、

不该做什么，并不是一种行之有效的策略，有理
有据的剖析才能令人信服，最终提高人们对网络
技术的控制力。在这个意义上，向学生提供严谨
可靠的分析，从而让其认识到信息技术成瘾可能
招致的危害，确实应该是一项公共责任。

　　**鲍　曼**：顺便说一句，"黑莓拇指"不乏先
例。20 世纪 80 年代的"鲁比克的魔方手掌"
(Rubik's Cube Palm) 所诱发的公共恐慌，现在已
经被人遗忘了，但其后当然还会出现许许多多类
似的现象。用铅笔和钢笔取代古早的鹅毛笔，想
必在当时也引起了严重的调整恐慌吧。这几则实
例，以及历史上发生过的无数类似事件，都属于
技术革新所触发的人类行为的改变；人们在重新
调整和重新定位的过程中，需要克服身体和心理
上的烦恼。这样的身心不适虽然相当常见，且转瞬
即逝，但它们在广度和程度上有很大的不同——有
些技术调整，给人们带来了更多、更深的痛苦。
因此，我不认为当下正在进行的重新调整可以与
治愈"黑莓拇指"或"魔方手掌"所引发的心理

疾病相提并论——历史上看，后两种烦恼是微不足道、转瞬即逝的，很快就被人遗忘了。

数字信息学和万维网的出现，改变了人类生存条件和生活世界。这一改变意义深远，它属于人类历史上真正的里程碑和转折点，理应占据人类历史的一个独立篇章。这一次，受影响的可不是一根拇指或一个手掌，而是全方位、多层次和累积性的人生任务、生活策略、身体和心理能力。这些相关要素无论是叠加在一起，还是单独而论，对个人存在和社会共存都至关重要。我不知道，人类存在于世的种种要素，以及人类联系机制的各个组成部分，能否在当前的转型中毫发无损。另外，所有这些千差万别的因素紧密地交织在一起，相互牵连，彼此影响。然而，我们对其的理解和阐述，仍处于非常初级的阶段。私以为，诉诸"人们应该对自己的世界拥有更强的掌控力"这种惯常的号召，远远不足以告诉我们需要做些什么。

首先，这些"人"究竟是谁？显然，有些人不仅对自己的世界，还对别人的世界拥有过多的掌控力，而另一个数量更为庞大的人群则如你所说"被困住了"，他们对任何事物都完全没有行使控制的权力。其次，有些人的"太多"和其他人的"完全没有"是紧密交织在一起的，如"控制"这一概念本身所暗示的那样，它是一种零和游戏。正因如此，问题的每次解决都伴随着"根本性争议"（怀特海的术语），故而所谓"解决"，只是一种不稳定、不彻底的暂时状态；若有"另行通知"，或出现新一轮的权力和等级的洗牌，本已"解决"的问题会再度成为问题。历史上几乎从来不缺乏寻求重新洗牌的造反和起义。事实上，争夺尚未获得的控制权、捍卫已经获得的控制权，以及它们之间势不可挡的拉锯战，很可能是人类面临的永恒困境。

说到底，控制权现在是、将来也会是权力斗争的赌注和产物。现阶段的权力斗争是以承认（recognition）为口号进行的。欧文·戈夫曼认为，创造一种特定身份的能力，以及赢得人们承认这种身份确实被你创造和拥有的能力，分属两种不同的技能，可以单独学习和掌握。戈夫曼完美地记录了权力之争的事态，但他将其简化为争取控制权的人所掌握的技能问题，却忽略了命运已然被篡改的关键事实：命运变成了一个灌铅的骰子，人生的可能性已被预先设定，这使技能的运用和部署全然失效。同时拥有运用技能和部署技能的能力，也只是争取控制权的人获得成功的必要条件，而不是充分条件。权力之争的成败，不在于争取者本人——至少不取决于他一个人。马克斯·弗里施（Max Frisch）揭示了"身份证明之战"（identification combat）中的分工和角色，并暗示"拥有身份"的终极意义在于抵制他人强加的身份定义。早在我们努力争取之前，我们的身份就已经被定义。我们所选择的自我，是社会预先为我们分配好的，我们只能在这样一个特定的社会场所里建构自我；如果没有本地管理员的许可，我们就无法顺利完成自我建构。这一规则既适用于个人，也适用于集体自我的建构者（譬如争取国家地位的少数族群）。

回到我们刚才讨论的起点，我完全同意你的观点，即"向学生提供严谨可靠的分析，从而让其认识到信息技术成瘾可能招致的危害，确实应该是一项公共责任"。选择是学生的责任，而公众的责任是提供尽可能充分的信息，让学生最大限度地了解其选择所涉及的内容，以及不同选择可能带来的后果。确保学生在充分知情的情况下做出对自己有利的选择，实乃公民应尽的社会义务。如我所说，我与你意见一致。我只想补充一点：青年人是自我生产者，他们在争取社会认可的过程中，学校的课程设置可能会起到一定的作用（即便作用有限），我们在思考这些课程的内容时，不仅要思考学生所选定的身份，及其最终获得的社会认可，还要思考两点之间的"路线图"——这条路上布满的自然障碍和社会陷阱也需包括在内。

**罗　德**：先回到你刚才提出的问题："这些'人'究竟是谁？"这的确是一个非常重要的问题。法兰克福学派将"人"与"体制"对立起来，这种做法深得我心。"体制"是一种由商业、职业政治、资讯娱乐节目等合成的非协调混合体，其价值观建立在庸俗大众之上。控制他人生活的，也许并非真的是"某些人"：这些人的确在维护体制，但他们也受困于体制；他们成功地为自己谋取到了私利，但他们并非幸福的人类。正如福柯所指出的那样，对那些维护体制的人而言，他们也没有"外界"，尽管他们有着令人渴慕的舒适内在。他在《权力/知识》（1980年）一书中这样写道：

> 权力之所以能奏效，之所以能被接受，就在于它不仅是一种说"不"的否定力量压在我们身上，而且它还能穿透事物、生产事物。它能诱发快乐，形成知识，产生话语。我们需要将其视为贯穿整个社会机体的生产性网络，而不仅仅是起着压制作用的否定实例。[11]

我们也许不应该把那些高高在上的人归入这个"体制"的受害者之列，因为这个"体制"已经给了他们无数好处；不过，他们也绝非自由或独立的代理人。因此，或许可以这样说，那些实施控制的人本身也受到了控制，正如各种形式的反抗早已被体制收编，并被分配了自己的利基市场和自己的连锁店。

我想，我们可以把"体制"和公共领域区分开来，因为公共领域只有在不被"体制"的逻辑所支配的情况下才能发挥作用。我们对公共领域的前景满怀希望，但如果这希望到头来只是一场空，反而为"体制"增光添彩，那将是非常可悲的。无论如何，我还是不由自主地相信公共领域的潜力。当然，"体制"希望把自己伪装成公共领域，好比通俗小报希望自己被当作民意代言人一样。但"体制"与公共领域是两码事。公共领域是阿伦特式的权力矩阵，而不是福柯式的。根据阿伦特的观点，在公共领域，任何形态的暴力（包括洗脑）发生之日，就是权力的终结之时。或许可以这样说，"体制"和公共领域分别基于互不相容的关联逻辑或原则："体制"的关联总是垂直的——总有人在顶部负责，有人在底层听命；公共领域的关联则是水平的，所有相关方被赋予平等的权力。当然，我明白，我们真正需要的是两者的平衡，因为只按照后一种原则组织起来的世界，注定是令人难以栖居的。然而，就目前所见，有体制思维（system-thinking）的人占据了实权位置，而有公共思维（public-thinking）的人却被日益边缘化。倘若后者被体制吸收，体制的决策机制常常扭转其思维，这使他们更容易被边缘化——他们的公德心，会被别有用心的人说成是一种玩世不恭的策略，目的是获得体制的奖赏。

**鲍　曼**：我和你一样迷恋福柯的权力"毛细管"模型。除此之外，我还迷恋与此有着惊人相似之处、复兴于大众日常实践的葛兰西的"霸权哲学"模型及两者的最新版本，譬如权力的"分形"（fractality），即权力在等级秩序的每个层级都会复制其基本细胞结构。不过，我认为所有的这些模型都需要某种附加条件或保留意见，从而使我们避免落入一个常见的陷阱，即对"控制"这一概念的极度去人格化。归根结底，罪魁祸首不是制度本身，而是某些人，他们以自身的利益和舒适为标准来制定秩序，并将之强加给另一些人，对他人的利益视而不见或公然展露敌意；如此秩序并不"呼吁调整",而是在受苦受难者特有的清醒、现实和理性的助推下,不择手段地渗透到受压迫者的思想和常识中,并在那里扎根。

在 21 世纪初,这则保留意见显得格外重要。正如托马斯·皮凯蒂[1]在《21 世纪资本论》一书中有力地论证的那样,21 世纪很可能作为寡头政治回归的世纪而被载入史册:"当资本回报率超过产出和收入增长率时,资本主义就会自动产生无法驾驭且不可持续的社会不平等,进而从根本上破坏民主社会赖以维系的精英价值观。"[12] "继承性财富的增长速度超过产出和收入的增长速度……于是,几乎不可避免的是,继承而来的财富将远远超过一个人毕生劳动所积累的财富,资本将达到高度集中。"[13]于是,

---

[1] 托马斯·皮凯蒂(Thomas Piketty,1971— ),法国经济学家,巴黎经济学院教授,主要研究收入与贫富不均现象。他的畅销书《21 世纪资本论》通过回溯过去 200 多年来的经济数据,探讨自 18 世纪以来欧美国家的财富和收入不均。他认为,发达国家的资本回报率始终高于经济增长率,这将导致财富不均逐步扩大,全球税制改革势在必行。他还著有《资本与意识形态》等。

> 不平等的惊人增长，很大程度上反映了高阶劳动收入的空前激增，大公司的高级管理者在薪酬上将普通劳动者远远甩在了身后……大体而言，这些高管拥有设定自己薪酬的权力；这一权力在某些情况下毫无限制，在诸多情况下与他们的个人生产率没有任何明确关联。[14]

最后，自里根/撒切尔的新自由主义革命以来，当今不平等现象的飙升"主要源于过去几十年的政治变革，尤其是针对税收和金融方面的改革。经济、社会和政治行动者看待'何为正义，何为不义'的方式，这些行动主体的相对实力以及由此导致的集体选择——这些共同塑造了财富与收入不平等的历史"[1][15]。

这里不仅涉及控制权的问题，更重要的是控制能力的问题。直到不久前，控制能力似乎已经成为号称"民主"（将全体公民作为选举人）的大

---

[1] 参见中译本《21世纪资本论》，托马斯·皮凯蒂著，巴曙松等译，中信出版社，2014年。

众权力游戏的赌注，如今却再次变成了少数家族的传家宝，一如在前现代那样。此外，旨在将公众意愿、价值偏好和行动者的正义观念转化为"集体选择"的现代民主制度，也日益成为复制、强化和拉大"能者"与"无能者"之间距离的主要工具。现如今，自主选择已成为不断缩小的"能者"圈层的特权。

## 自我的构成

期待与幸福：踏入小径
分叉的花园意味着什么

罗　德：当你说"早在我们努力争取之前，我们的身份就已经被定义"时，你认为个人还有多少可能的自由？或者说，我们的自由是否真的仅限于从现有的选项中进行选择？我一直认为，生而为人，我们面临的挑战之一，正是克服我们出生时世界加诸我们的种种限制——生理的、社会的、文化的。不要对自己的命运感到满足，尽管这可能不是获得幸福的最佳秘诀。但"知道自己的位置"不正是这个体制希望我们采取的生活方式吗？这样做还有尊严可言吗？

鲍　曼：我曾写道："早在我们努力争取〔我们所希望成为的那种'自我'〕之前，我们的身份就早已被定义好了。"这句话的意思是，我们从来都不是从某种"社会原始空白"中开始努力的。我们出生在一个不容更改的特定时空，同时也出生在一个由（并非我们亲自选择的）父母预先确定的特定社会等级之中。总的来说，这一处境限制了我们切实可行的选择数量。我们从一个地方出发比从另一个地方出发，更容易抵达既定目的地。引用一则爱尔兰笑话：一位司机停下车来问路人如何从这里去都柏林，路人回答说："要去都柏林的话，我不会从这里出发。"这个幽默笑话揭露了一个荒诞而残酷的现实。

将确定（determination）和自我创造（self-creation）——或者更笼统地说，将恒定和自由——对立并置的做法，令我感到不安。两者是衡量人类状况的参数，既相互依存，又相互冲突。在自我构成的过程中，它们发挥着各自的潜能，既赋能又去能。两者注定要合作共存——少了其中一个因素，另一个因素是不可想象的，事实上也是毫无意义的。

在我 2008 年出版的《生活艺术》（*The Art of Life*）这本小书中，我指出人生路线的两个维度，它们需要被绘制在两条垂直的坐标轴上：一维是我们通常所说的"命运"，它是一个人无法左右的种种因素的累积，我们既不能改变之，也不能令其消失；另一个维度可以概括为"性格"，它是一个人原则上可以改进（也可以拒绝或疏于改进）的主观资产和负债。可以说，命运带来了一系列人生选项，这些选项对一个行动者敞开大门，却对另一个行动者封锁或禁入；命运在现实与不现实的选项之间划出一条分界线。而行动者的性格负责在已经确定的各种现实选项中做出选择——它时而也促使人们去争取一个不太现实的选择（不过，由于智人的基本理性，这种情况并不常见，而且通常都是徒劳无功的，尽管偶有例外）。两个因素相互配合，设计出一个人的生命轨迹。把人生之路的全部责任完全归结于一个因素，而对另一个因素的贡献视而不见，是一种严重误导。由于两个因素不可避免地相互干扰，它们都不会产生"必然性"。（正如小威廉·皮特于 1783 年 11 月 18 日在下议院的演讲中直言不讳地指出："'必然性'是暴君的论据，是奴隶的信条。"）最大程度上，每一个因素都在重新分配人们做出不同选择的概率。

关键在于，在自我构成的过程中，命运和性格的影响相互交织。两者的区别并不与"外在"对"内在"、"物质"对"精神"之类的二元对立相重叠。总的来说，命运并不对应着自我构成的"客观"成分或向度，性格也并不对应着自我构成的"主观"成分或向度；在这个意义上，它们之间的交织更加紧密。在自我构成的终生劳动过程中，命运与性格之间的相互关系，宛如画布上用同一根纱线织成的经线和纬线。命运抵达行动者，不仅是作为一种外来力量，而且（可能主要）作为已被加工成一套人们所采纳乃至内化的预设和偏好。用恩斯特·布洛赫[1]的话讲，这套预设和偏好哪怕只是一种"预期"，"尚未被人意识到"，也已然在行动者的思维中牢牢扎根；正如布洛赫在区分"参与式"理性与单纯的"沉思式"理性时所坚持认为的那样[1]，思考意味着超越命运，从

---

[1] 恩斯特·布洛赫 (Ernst Bloch, 1885—1977)，德国马克思主义哲学家，著有《希望的原理》等。他的作品侧重于乐观的人类历史目的论，奠定了希望的形而上学，从而为自己赢得了 20 世纪"希望哲学家"的雅号。参见他的《希望的原理》，梦海译，上海译文出版社，2013 年。

而超越现状。众所周知，性格也极大地影响着命运作用于行动者身上的形式和内容，故而往往被行动者视为命运。

自我构成的劳动永不止息。我认为，对自我构成的描述，相当于想象一连串的当下时刻，每一刻都正在将人们所预期的未知未来回收至过去，后者是由参与式理性活动所留下的痕迹构成的。

**罗　德**：我大体同意你的看法。不过，我会使用一个略有不同的比喻。有个术语叫"出生时的预期寿命"（life expectancy at birth），它通常指一个人预期能活多少年。我想对该术语稍做引申，从广义的角度将之理解为"期望人生"，即在博尔赫斯式的"小径分岔的花园"中，人们所期待的那种人生。我们也可以把它描绘成一棵树，当一个人的出身条件——包括社会和生理条件——并不决定他随后的选择时，他在无数的时刻，既可能向左分岔，也可能向右分岔。毫无疑问，有些选择会让人踏上一段典型的人生轨迹。一些分枝点会无可挽回地改变他的人生轨迹；另一些分枝点则会让人暂时偏离这一轨迹，然后在更高处重新交会。每个分枝点都对应着一个决定；我们做出这些决定的时候，并不总是有意识的，但若避免或推迟决定，我们相当于将决定权拱手让人，委托别人替我们做决定。

你所说的"命运"和"性格"，确实充分体现了影响决策的两股相反力量。不过，两者在某种程度上是相互决定的。据统计，"性格"的某些特征更有可能出现在"命运"的某些场景而非其他场景中。话虽如此，一个人的性格特征在很大程度上永远取决于具体个人。有些人平静地接受自身所处的境况，有些人则反抗之；有些人反抗一种境况，有些人则反抗另一种。无论如何，这些反抗也是我们在"期望人生"之树上攀爬时面临的选择时刻，它们可能一开始就存在。

显而易见，机遇之类的不可控因素，包括他人的"期待人生"之树上发生的事情，可能会对个体的生命历程产生很大影响，或为其开启全新的可能性，或切断现有的可能性。但总的来说，个体的人生轨迹可以被看作由"期望人生"之树和每个分枝点上的个人决定共同塑造的。我们创造人生，人生亦创造我们。

　　现如今，衡量人生成功与否的一种方法，是以幸福为标尺，将一个人在这棵"期望人生"之树上攀爬的实际高度与这棵树本身的高度进行比较，爬得越高代表越幸福，人生就越成功。可问题在于，我们实际使用的任何标尺都不是严格垂直的；换言之，我们看不到一个清晰的标准，甚至不知其存在与否。幸福若被等同于物质财富，那么标尺的最高点对应人生之树的某处；幸福若被等同于精神成就，那么标尺的最高点则对应人生之树的另一处。若将家庭和睦作为幸福的标准，我们会得出不同的结论；若以激情之爱，或聪明睿智为标准，结论又不一样。所有这些标准的角度都不同，这使得它们总体上互不兼容；尽管如此，人们普遍希望自己至少在几个标准上做得出色。常见的情况是，每个人都会在某些方面失败，而在其他方面可能做得很好。

　　当然，这些幸福的标准并非由我们自己所创造，我们只是将其当作自己的标准。唯有极少数

强人能为自己确定一个绝对严格的垂直度，以此
度量自己在"期望人生"之树上的攀爬进展。恐
怕大多数人所依据的垂直度就像芦苇一样，任凭
社会文化的风吹雨打，有时偏离多一些，有时偏
离少一些。很多时候，在分枝的那一刻看似绝对
正确的选择，随着时移势易，人们开始悔不当
初——当然，没有人能知道，在另一种选择所创
造的平行世界里，究竟会发生什么。

　　我感兴趣的是，在这些分枝点上究竟发生了
什么，以及我们在多大程度上能够在分枝点做出
自己的决定。我非常同意"自我构成的劳动永不
止息"的说法，但我认为，自我生产的劳作也永
不止息。我想把这两个词语对立起来，互为观照：
"生产"指的是外部控制力量的劳作，我们只是任
其揉捏的泥土；而"构成"则是我们自己的劳作，
我们是陶工——不过，即使作为陶工，我们仍然
是由泥土铸成的。毋宁说，我们是锻造自己的黏
土的陶艺家。过去几十年里所发生的某种转变，
很好地体现在流行的乐高建筑玩具的演变上。我
小时候，第一次接触乐高玩具，它们当时是成套

的，我可以搭建出自己的梦幻世界，随附的说明
手册上还提供了一些启发灵感的模板。等到我的
孩子们玩这些玩具时，乐高的概念发生了变化：
每套玩具都标明了制作某个特定模型所需的准确
件数，有点像设有唯一正确答案的拼图游戏。当
然，如果你有很多套乐高，你可以把几个乐高套
系混在一起，甚至可以将卖给你的不同世界重新
拼在一起；然而，一个不变的事实是，这些世界
已经变成了预制的、系统化的、内部完整的整体，
连同它们的规则和叙事一起被买家接受。诚然，
初次接触乐高玩具的孩子，其所搭建的世界，不
如专业开发团队创造的世界那般引人入胜，后者
在质量上无疑更胜一筹。但是，它们从孩子身上
夺走了创造世界的必要性，以及随之而来的无穷
乐趣。毫无疑问，孩子们从创造世界中获得的巨
大乐趣，只能让位于商家从新作品中获得的巨大
利益；商家迫不及待地开发乐高系列中的新零部
件，为这个不断扩张但现成的世界增添新元素。
可以预见，在现成的乐高世界中长大的孩子，成
年后更能适应现成的生活世界。

**鲍　曼**：我喜欢你的"黏土与陶工"寓言，更喜欢你所补充的"陶艺家"（陶工中的少数）寓言。陶艺家不在艺术品商店购买黏土，而是自己开采黏土，并按照自己的设想对其进行制坯、修整、揉捏。这就是我在谈及行动者对命运的内化时所试图捕捉和表达的东西：行动者对命运的内化总是包含他对命运的选择性阐释；对"天然的"、未经加工的命运的内化，总是操纵着行动者的机遇和倾向，使其性格朝着此方向而不是彼方向发展。

我也赞成你所引入的"成功人生"这一议题，我把它理解为"工作出色"所带来的满足感，萨特曾称之为"生活计划"的实现。然而，这种满足感，一种独特的"元幸福"（meta-happiness），与自我构成的其他方面类似，是一种不稳定的、忽明忽暗的情绪：一种倏忽而逝的状态，一种容易被撤销甚至被其反面取代的瞬间状况。"［人们］对生活有何要求，希望在生活中实现什么？"再次引用弗洛伊德的回复："答案毋庸置疑……［人们］努力追求幸福；他们希望变得幸福并保持幸福。"然而，问题在于他们无法"保持幸福"：

　　我们所说的幸福，从严格意义上讲，来自被严重压抑的需求得到满足——最好是突如其来的满足。从本质上讲，幸福只可能一种偶发现象。快乐原则所渴望的任何情状被延长，只会产生一种轻微的满足感。我们只能从对比中获得强烈的快感，而很少能从事物的某一状态中获得快感，这是人类天生的心理结构使然。[2]（着重号为本人所加）

如你所见，幸福与"社会事实"正好相反。涂尔干认为，社会事实是社会学唯一合法的研究对象：它是一种"事态"（thing），与所有事态一样，具有可靠性、稳定性、持久性和巨大的强制性；实际上，它是一种几乎无法抗拒，或完全无法抗拒的力量。确切而言，幸福不是一个"社会事实"；人们对幸福的追求，尤其是对所追求的目标对象的选择，才应当被归为"社会事实"。人们对这一追求目标的占有或消费，也常被人体验或描述为幸福时刻。

　　然而，我认为，追求幸福的天然栖息地是不

幸福、不满意、未实现的状态——简而言之，是产生痛苦的被剥夺状态（如被压制、被疏远、被抛弃、被排斥、被剥夺尊严和自尊，等等）。换一种说法，从结构语言学的角度来看，在"幸福与不幸"的对立中，不幸是"无标记的"，而幸福是"有标记的"。幸福只能从消极的角度予以定义：它是克服、违抗、打败或终止的不可捉摸的瞬间——总而言之，幸福是否定的一瞬。幸福是人生追求的驱力，但与其他积极的、指引性的、北极星式的乌托邦一样，它的"物质性"，也就是它对人类和社会产生的实际意义，完全在于它能激励人们不断追求幸福，并产生持久的效果，尽管这些效果往往是偶得的，即未曾预料的、无意为之的、计划外的。

克里斯托弗·赫尔曼（Christopher Helman）是《福布斯》杂志的专栏作家，他曾经报道过总部位于伦敦的列格坦研究所（Legatum Institute）所做的一项研究。列格坦是众多试图"揭示人类幸福的原因"的调查机构之一，它致力于找出人类幸福的可量化、可编码的条件。赫尔曼说，"列格坦对世界各国的创业精神、个人自由、健康、经济、社会资本、教育、安全保障和治理进行评分";这些分数是由《福布斯》杂志的专家们打出的,为了得到所要的结果,他们必须进行大量耗时耗神的复杂计算,向他们致敬!不过,赫尔曼略带讥讽地评论道:

> 幸福是主观的,而非客观的;幸福的定义众说纷纭,争论不休。繁荣就等于幸福吗?不一定,但肯定有助于幸福。你的生活幸福吗?当你开着豪车去上班的路上堵车时,你也许想过这个问题。尽管你在高档写字楼里身居要职,但你曾幻想抛弃这一切,抛弃办公室、房贷、西装、压力,以及全天的电子束缚。[3]

接着,赫尔曼问道:你以为退居海边的小木屋、过着自给自足的生活,就会幸福吗?也不见得。"主观"因素对"客观"因素的反抗和质疑,是无穷无尽、无止无休的,这样的例子不胜枚举。

与众多机构一样,列格坦在其设计的调查问卷中,为可能产生幸福感的品质赋分,然后对收

回的问卷答复进行分析，从统计分布中（以及从
问卷作者对"人性"的默认假设中，这一点更重
要）推断出人们应该从这些品质中获得多少幸福
感。但是，如果某个叫作汤姆、迪克或哈里的人
具备这些品质，却未能从中获得幸福感呢？换言
之，如果汤姆、迪克或哈里没能做到研究人员认
为他们应该做到的事情呢？那么，这一定是他们
自己的错，不是吗？要不然就是经济的错，他们
只是不善于抓住机会而已。"一切都是经济问题，
笨蛋！"[1]——这是专家们在着手研究之前就听
过的结论。我们也一样，几乎每天都能从风云人
物那里听到这番话，把一切问题都归咎于经济。

我们还一致认为，人类的烦恼、磕磕绊绊、
跌倒和失败（当然也包括打赢的仗），呈现出各异
的形态和色彩。"自我感觉良好"的心情很难说是
无条件的、完满的，而不幸福的状态也无法完全

---

[1] 又译为"经济才是关键，笨蛋！"（It's the economy, stupid!）。
1992 年，时任阿肯色州州长的克林顿竞选美国总统时，以此
作为竞选口号，击败了刚取得海湾战争胜利、连任看似十拿
九稳的老布什。这个警句及其变体已经成为人们的口头禅，
譬如"环境才是关键，笨蛋！"。

抹去快乐的时光。镌刻在地狱入口处的"放弃希望"（Lasciate ogni speranza），与奥斯威辛集中营大门上的标语"劳动使人自由"（Arbeit macht Frei）一样，都是对未来人生的预示。

迄今所说的一切，对于那些想为人类的困境做出连贯描述的人来说，是一个不祥之兆，原因在于，为人类现实梳理出一条连贯的脉络，如康德所说，好比抻直"人类这一弯曲的木头"。迄今所说的一切，对于那些忙于对知识进行系统化整理的理论家来说，是一个不祥之兆；对于拉紧人类这个提线木偶的牵引绳，力图掌控人类命运的暴君来说，也是一个不祥之兆。然而，对于百折不挠、不可救药地追求幸福的人类来说，这却是一个好兆头。因为它预示着希望的不朽。


**罗　德**：有一个古老的笑话，讲的是，在荒岛上，有一个受虐狂和一个施虐狂，他们是海难后的唯二幸存者：过了一会儿，受虐狂走到施虐狂面前，问道："你想折磨我吗？"施虐狂看着他，微笑着回答："我绝对不会！"

　　试图用可量化的参数来定义幸福，正如列格坦想要做的那样，从一开始就是注定失败的冒险。幸福与不幸都是无法量化的主观感受。汝之蜜糖，彼之砒霜。我曾游历过一个阳光明媚、美人如云的热带岛屿，它可谓是好莱坞电影一贯宣扬的极乐世界的标准形象。我先在东南亚进行了两个月的高强度探险，然后来到这里。刚来第二天，我的伙伴们就厌倦了岛上的阳光和美人，遂决定提前几天恢复原来的旅行模式。幸福的标准版本，就像任何产品的标准版本一样，应该能满足大多数人的需求，然而，地球上的每个人在某一方面肯定都属于一个或多个少数群体。

　　正因如此，自我构成——而不是自我生产——才如此重要。作为一个自由的个体，我有追求幸福的权利；美国《独立宣言》将其与生命和自由并列，作为全人类不可剥夺的三种权利之一。除此之外，我还有犯错的权利，只要我愿意为此承担责任。事实上，我还有权遭受失败、失望和烦忧——简而言之，我有不幸的权利，只要我不把这种不幸强加于人。当然，如果我愿意，我也有权踏上通往标准的幸福之路，最终抵达大众眼中的幸福。但是，这是任何人都不能强迫我做的事。

因此，我不太确定，在描述追求幸福的状态时，使用你和弗洛伊德提出的这些否定性词语，是否非常管用。毕竟，从别人的错误中学到的东西是有限的；成就带来的满足感，很大程度上恰恰源自我们在取得成就的过程中付出的努力。如若不然，报纸就会刊登已经填好的纵横字谜，而不是空着让读者自己破解了。即使"追求幸福"的过程潜存一种缺失感，也缺乏追求的动力，它还存在另一个面向，即"期待"（looking forward）这一表达所捕捉到的人性经验。期待某样东西的出现，意味着我们已经对它产生了愉悦感，尽管它还没有实质性地出现，尚未成为物质世界的一部分，但它依然存在于我们的脑海中。是的，这种快乐可能比从事物本身获得的快乐还要多。是的，这种期待感终将成为未来失望的缘由；它可能会被滥用、被操纵，用以诱使一个人做其通常不会去做的事情。正因如此，有一些硬核的现实主义者，比如我的妻子，为了不被任何虚假的希

望所蒙骗，她/他们拒绝展望未来。毫无疑问，这
也是她的个人权利。

　　**鲍　曼**：如你所说，"期待""可能会被滥用、
被操纵，用以诱使一个人做其通常不会去做的事
情"。连"期待"都可以被滥用吗？确实如此！每
天都在发生，而且规模巨大。我甚至认为，我们
当下所处的消费者社会，这个以消费主义模式来
安排及管理个人、群体和社会三大系统层面的社
会，实乃建立在对其成员的"期待"倾向进行系
统性误用，甚至滥用的基础之上。

　　我们当下所处的消费者社会，已经成功地将
人的"作业本能"（instinct of workmanship）转化
为"消费本能"。100 年前，托斯丹·凡勃伦[1]将
人类的"期待"心理，追溯至"作业本能"，即做

--------

[1] 托斯丹·凡勃伦（Thorstein Veblen, 1857—1929），挪威裔
　　美国人，经济学家，被誉为制度经济学鼻祖。在《有闲阶级
　　论》一书中，他批判了资本主义国家出现的消费型社会；他
　　指出，第二次工业革命期间，社会积累了大量财富，一个新
　　富阶层应运而生，"有闲阶层"为了彰显自己的社会权力和
　　声望，进行"炫耀性消费"，其他社会阶层争相模仿，这极
　　大地助长了挥霍浪费的社会风气。

好一项工作的本能欲望、从尽善尽美中获得自豪感的普遍愿望、从"排出己身"（*ex*corporation）中寻求幸福的心理倾向。"排出己身"这一术语，是由毛罗·马加蒂（Mauro Magatti）和基娅拉·贾卡尔迪（Chiara Giaccardi）最近提出的，意指为世界添砖加瓦（add）的倾向和冲动。"消费本能"指的是对事物的占有和享受的本能，或曰"纳入己身"（*in*corporation）的本能。与"排出己身"相反，"纳入己身"是使世界日销月铄（detract）的本能倾向，是个体从世界逐一减除已转化为商品的欲望对象。

亲爱的瑞恩，你妻子这样的"硬核现实主义者"，正是消费主义经济的噩梦：这些人拒绝"期待"，拒绝祈盼尚未尝试和体验过的快乐，在这个几乎人人都在追逐更多、更强烈的快感的时代，他们却选择退出这种追逐。换言之，这些现实主义者是"心满意足的消费者"，他们满足于目前的消费水平，对劝诱或勒索他们继续消费的魅惑之声充耳不闻，对诋毁和嘲笑他们消费欲怠惰的谴责之声无动于衷。消费主义的蛊惑之声，一边痛

斥这些消费者如此有限的需求/欲望/愿望，一边
引诱那些尚未满足的消费者，让他们对新奇的、
未体验过的欲望对象产生永无餍足的渴求。不足
为奇，心满意足的消费者能够——也将会——为
消费主义社会敲响丧钟。

　　如今，市场营销艺术包含双重策略，一是唤
起人们对新乐趣的渴望，二是确保从中获得的快
乐尽量短暂。这种策略产生了一个连带的副作用，
它使消费主义经济成为系统性过剩和浪费的经济。
如你所说，人性共有的"期待"意向，一旦被消
费主义经济所利用，被其商品化并重新调配，往
往比人们期待的"事物本身"更令人愉悦。确实，
购物行为通常比其结果，即对所购之物的占有和
消费，更令人愉悦；另外，占有某物的快乐是有
期限的，而购物所带来的快乐，原则上可以无限
延长，至少营销大师们会不遗余力地使其延长。

　　你写道："我不太确定，在描述追求幸福的状
态时，使用你和弗洛伊德提出的这些否定性词语，
是否非常管用。"这些否定性词语，是我顺着弗洛
伊德的观点提出来的。不过，我相信，用这样的

措辞来描述追求幸福的状态，从来没有像现在这样有着广泛而深刻、坚实而可信的理由——这是拜我们的消费主义社会所赐。眼下的消费主义社会已经形成了强大的既得利益，这使它强化了一个普遍趋势，并将"否定性特征"强加于社会系统的三个层面。与此同时，社会中占据霸权地位的消费主义世界观，则确保不满足的状态被永远保持，以便不断构想和传播新的愿景、新的模式、新的欲望对象，刺激人们源源不断地产生幸福感；它还要确保，在"欲望对象"转化为"占有物品"的那一刻，这些愿景和模式烟消云散。

正如我在别处论述的那样，任何一家商店，无论它向顾客提供什么产品和服务，它的吸引力、诱惑力源于其自我呈现和他者感知——它得让人觉得这是一家独一无二的药店，出售的药品专治现代人的疑难杂症，比如疯狂竞争和忙碌生活对人的折磨，比如存在的不确定性造成的痛苦和焦虑，比如人际关系的脆弱性所导致的道德顾虑。总而言之，商店所售的药品，能够治愈一个人在生活技艺方面令其羞愧的"表现不佳"，这种"表现不佳"体现在实际"进展"与内心"期待"之间不可逾越的距离上。我们非常清楚，制药业的经济保障和盈利能力，与病患者的数量同步增长，因为被病痛折磨的人多了，制药公司仓库货架上堆积的药品就有人买了。为了销售更多的药品，获取更多的利润，制药业需要更多的疾病——需要更多的被定义为病态的生命状态，从而让人们相信自己有病，相信自己需要对症治疗，且基本可以被治愈。无论是真实存在的症状，还是臆想出来的病症，只要有药可用，就会把渴求转化为义务。

**罗 德**：你对当代消费社会的意见，我完全同意。但我并不认为，这个社会已经将人对自身境况的恐慌彻底制度化了。如前所述，马尔库塞早在 20 世纪 60 年代初就大体指出了这一点："体制"的特点就是为人们创造不真实的虚假需求，然后声称会满足这些需求。尽管如此，20 世纪 60 年代，西方国家曾掀起了一场反抗社会体制的大规模动乱。眼下，钟摆又摆到了相反的一端，20

世纪 60 年代的许多理想已不再可行，但我真心认为，人类尚未陷入走投无路的境地。的确，对于我们大多数人而言，除了或多或少与现行体制同流合污之外，似乎别无选择。就连生态农场也无法独善其身，虽然它的目标顾客是有文化又有钱的人，但它偶尔也会通过连锁超市售卖有机食品，成为体制的一部分；同样，生态旅游业通过网站进行宣传。从这个意义上讲，我们已经没有回头路可走了。因此，当务之急是达成妥协——如有必要，实现某种程度的管控。我们无法逃离体制，但一定有办法利用体制，为那些不满于现有标准的人创造新的空间和绿洲。这种情况已经发生了。众包就是一个很好的例子：对于那些不想被大公司收购的初创企业或文化项目来说，众包可以为其提供资金，让它们直接与潜在受众接触，从而为利基产品和项目提供机会——放在几十年前，这些小众产品和项目早在疯狂的构想阶段就已夭折。在文学市场，小型的非营利出版社为自己开辟了一块重要的优质领地。即使在主流大众文化领域，那些曾经大肆宣扬挑衅性谬见的内容制作者们，也被迫调整自己的意识形态，开始倾听独立批评机构的声音，譬如安妮塔·萨基西安（Anita Sarkeesian）的视频博客"女权主义频率"（Feminist Frequency）。这样的例子还有很多。我并不是说目前的状况很好，只是说我们仍有一线生机。

　　"期待"是自我构成的要件。然而，我心中所想的"期待"，其实不是期待未来从消费中获得愉悦。我期待在公园里长途漫步，但那天要是下雨呢？我期待老友来访，但我们见面吵架了怎么办？若总想着追求完美的幸福，我们终将一无所获，因为阳光与和谐的友谊是我们生活的一部分，下雨和争吵也同样是我们生活的一部分，它们全都不可或缺。这一点常常被人遗忘，这要归咎于消费主义的影响，至少在某种程度上如此。每个人可支配的时间和金钱资源都极其有限，于是，衡量成就的一个方法，就是看我们是否最为高效地利用了这些资源——我们是否只在阳光明媚的日子才去公园散步，我们举办的每场聚会是否取得了百分之百的成功。换言之，在消费主义社会，衡量成就的标准，变成了一个人所能达到的完美程度。

追求完美并没有错，只有当完美被一个定义框住，它才开始成为问题——因为运动停止了。从这个意义上说，完美即死亡，因为死亡也是毫无变化的。由此观之，我们或许可以采用两种不同的方式来理解完美：第一种，将完美视为最终的目的地、某条轨迹的终点、人所期待的梦想成真；第二种，将完美视为无法用恒定不变的绝对标准加以衡量的东西，就像著名的视错觉中黑色方格之间的灰点一样，我们的视线永远追逐不到。显然，后一种完美可以用来保持对新鲜事物——也是更好之物——的渴望。我曾经在柏林的一面墙上看到一幅涂鸦，它巧妙地捕捉到了这种渴望："一切都会变得更好，但不会臻至完美。"（Alles wird besser. Nichts wird gut.）

事实上，这两种对待完美的相反态度，很好地体现在西方审美和日本审美之间的差异上。西方的艺术，总是比世界上其他一些地方的艺术更接近科学，因为"正确"的艺术表征思想在西方并不陌生。例如，尽管欧文·潘诺夫斯基（Erwin Panofsky）和纳尔逊·古德曼（Nelson Goodman）等学者已经令人信服地证明，几何透视法并不是在二维空间中描绘三维世界的正确乃至最自然的方法，但人们仍然普遍认为，这种艺术惯例是描绘现实的正确方法，且有科学依据。因此，西方艺术一方面对艺术家的个性给予应有的肯定，但同时也暗示规则的存在，艺术家必须在遵守规则的前提下实现完美的创作。当然，任何文化实践都离不开规则，亚洲艺术也不例外。然而，西方艺术和亚洲艺术对待规则的态度是不同的，这些规则的性质也不同。

我们之前谈到，效仿是自我表演的一种可能范式。审美上的尽善尽美也同样可以通过效仿来实现。日语中的"型"（kata）字表示做任何事情的正确方法，例如烹饪乃至食用某种复杂的食物，或者拔剑出鞘，有些人为了做到完美而苦练多年。但是，已经获得"型"的人并不会被它束缚。恰恰相反，一旦模范被人内化到无须刻意模仿的程度，他就可以随心所欲。此时，规则不再适用。

大师可以违背初学者必须恪守的基本规则，一是因为大师只有在理由充分的情况下才会这样做，二是因为没有任何规则像自然法则那般绝对，唯有随时采取最安全的选择、最简单的方法，才能在不断变化的环境中游刃有余。"型"教给我们的不是完美，而是完美的终极缺失。完美不是，也不可能是一个程度问题，事物不可能更完美或更不完美。这就是一个可能有明显瑕疵的手工制作的茶碗，总是比工厂制作的完美无瑕的茶碗更受人欢迎的原因。人生何尝不是如此。

**鲍　曼**：你刚才提议，将希望寄托于投资"那些不愿意被大公司收购的初创企业或文化项目"。但问题在于，大多数初创企业和项目要想"远离大公司"，前提是它们必须能勉强度日，挣扎求存。然而，多数情况下，其所遭受的第一次重大打击，就足以让某家"大公司"引诱它们接受"友好"兼并，或强迫它们接受无耻的敌意兼并（"兼并"是一个政治正确的代号，指大鱼吃小鱼，这是企业巨兽和为其执行兼并的人采用的代

号），随后就是例行的"资产剥离"（"盗窃"一词
的政治正确说法）和裁员。事实上，大公司的不
成功（即需求无扩大、无利润），正是蹒跚起步的
小规模、地方性的初创公司得以存活的前提条件。
在我们这个被市场法则恶意支配的世界，保持独
立自主的代价是变得微不足道。唉，可以肯定的
是，如果"初创企业或文化项目"或你提到的缺
乏竞争力的小型出版社被企业大鳄们遗弃和忽视，
那是因为在大鳄们看来，它们的成功前景非常黯
淡，甚至为零。通常情况下，"众包"倡议、高尚
的个人或热心团体所做的开创性的基础工作，事
后证明是为企业放牧而铺设新草地的无偿志愿劳
动；或者是为企业的连续扩张而进行的探索和绘
制新领土的侦察行动。

当然，抵制这种可悲的事态是可能的，英勇
无畏的防御企图也不乏其例。然而，这很难给永
久处于一触即发、脆弱不堪和"直至另行通知"
的生存状态增添稳定性。一旦企业势力可以间歇
性地行使其令人敬畏的"硬"实力（强制执行）
和"软"实力（贿赂或诱惑），弱势组织的生存可

能性就会变得微乎其微。你若对此半信半疑，不妨回顾一下以色列的集体社区"基布兹"[1] 这一崇高理想的悲惨命运，或者英国非营利性"互助会"在银行的贪婪掠夺下半推半就的命运。

你对"期待"这一概念背后意图的剖析，表明你心中所想的是一种混合的决心，它足以承受令人沮丧的不利条件，又愿意接受不完美的结果。因此，你劝告人们不要犯毅力薄弱和不耐迂腐这两宗罪——在这一点上，我们之间没有分歧。不过，在回应你就"期待"所做的讨论时，我想到了布洛赫提出的一个概念——"面向未来的生活"，他认为这是人类生存境况的终极真理。布洛赫指出，人类和世界的真谛在于潜能：在对挫折的恐惧和对成功的希望之中，等待着，生活着。在我看来，正是这种布洛赫意义上的"期待"倾向，如今已被拦截、攫取、征服和殖民化；正是这种"期待"倾向，继续被消费主义市场盘剥利

---

[1] 基布兹（Kibbutz，复数为 kibbutzim）源于希伯来语，意为"聚集"，是混合共产主义和犹太民族复国主义而建立的合作社区，现已成为以色列的一种常见的集体社区体制。

用，在日常实践中被我们这个消费主义社会中的霸权生活哲学所认可与合法化。

我也完全同意你关于"完美状态"既不可取又不可实现的观点。莱昂·巴蒂斯塔·阿尔伯蒂[1]曾给"完美状态"下过一个著名定义：在这种状态下，任何进一步的变化都必然会变得更糟。完美主义的态度不仅表示不宽容、麻木不仁和道德失明，也激发这样的负面心态。一旦认为"完美状态"可以被预知，人们就很容易将最不人道、最致命、最冷酷无情、"为了达到目的不择手段"的做法合法化，并为其开脱。加缪也曾做过类似的表述。他断言，现代邪恶的显著特征就是以最崇高、最高尚的理念为名行恶。加缪还说，将一切奉献给当下，就是对未来的真正慷慨。

前文论述了完美的两种含义，其中第二种含义是追求完美，永葆使事物（即行动的对象或行动者的行动技巧）变得更好的动力。追求"完

---

[1] 莱昂·巴蒂斯塔·阿尔伯蒂（Leon Battista Alberti, 1404—1472），意大利文艺复兴时期的建筑师、作家、诗人、哲学家、密码学家。著有被称为"大艺术"三部曲的《论绘画》《论建筑》和《论雕像》。

美"，是建立在对事物永无止境的"可完美性"的信念之上的，而不是基于如下信念力求"完美"：既然实体有不同程度的好（goodness），其中必有一个是"完美"的好——也就是说，比任何其他可想象的好都要好（这是圣安瑟伦在证明上帝存在时所用的推理方法）。本着永无止境的心态去追求"完美"，是值得称赞的。事实上，这是一个不断变化、自省和批判的飞轮。幸运的是，追求完美也是人类存在于世的必然方式，即使它只能（令人遗憾地）与其对立面——常规化倾向——并存。

不过，值此契机，请容许我引用杰里米·里夫金（Jeremy Rifkin）的著作《零边际成本社会：物联网、协作公域及资本主义的消亡》中的几句话，我认为其与我们的关切和讨论非常相关。我们目前在隧道里蹒跚而行，企图在它的尽头发现曙光。里夫金为我们的摸索提供了答案。他的答案以大量事实为基础，对我们这个时代从上到下所表达和接受的普遍信条构成了激进的挑战：上至有识之士的高深哲学，下至普通民众的常识，莫不受其影响。里夫金认为，尽管资本主义市场被广泛误认为是人性的永恒特征，但其替代物不仅是可以想象的，而且已经诞生并正在日益壮大——它有可能在短短几十年（而不是数百年）里占据主导地位。

简而言之，里夫金的论点是：资本主义正在走向消亡，逐渐被"协作公域"（collaborative commons）所取代，这一过程既不可阻挡，又不可逆转。"协作公域"表面上看是一种新型的共居模式，但它深深植根于前资本主义的历史。正如里夫金提醒我们的那样，公域早于现代制度或资本主义制度，实际上是"世界上最古老的制度化自我管理的活动形式。"[4] 然后，他言简意赅地解释了当前这一转型在起点和终点的差异："资本主义市场以私利为基础，以物质利益为驱力，而社会公域（social commons）则以合作利益为基础，以与他人连接和分享的深切愿望为驱力。如果说资本主义市场促进了产权和'买者自负'（caveat emptor）意识，以及人们对自主权的追求，那么社会公域则推动开源创新、透明度和人们对共同体的追求。"[5]

里夫金认为，资本主义目前正处于衰退期。他所说的资本主义，是指"一种独特的企业形式，在这样的企业形式中，劳动力被剥夺了对其所用于创造产品的工具的所有权，而拥有企业的投资者也被剥夺了控制和管理企业的权力"[6]。他强调，"协作公域"并不是一个遥不可及的乌托邦童话，而是即将到来的现实；它与目前境况的间隔不是一场革命、一次世界大战或一场大灾难，而是一个"呈指数级收缩"的时间跨度，在这个时间段内，已经播种、萌芽、开花的人类团结形式和交流模式需要获取能量，并解决组织上的问题，以达到成熟。里夫金认为，"当代公域"已经显现。它们是由"数10亿人"组成的，这些人深度参与社会生活的方方面面。当代公域"由数以百万计的自我管理组织构成（其中大多以民主方式运作），包括慈善机构、宗教团体、艺术和文化团体、教育基金会、业余体育俱乐部、生产者和消费者合作社、信用社、医疗保健组织、游说团体、公寓业主协会，以及其他几乎不计其数的产生社会资本的正式和非正式机构"。我们可以得出这样的结论："协作公域"上升所需的社会资本已经到位，并在不断扩张，等待我们去收割、储存并投入使用。一旦完全成熟，协作公域将"打破资本主义市场上进行垂直整合的巨头公司的垄断地位，以近乎零边际成本在横向扩展的洲际和全球网络中实现并行生产"[7]。

里夫金呼吁，我们应当撕下由市场运作的消费主义社会的帷幕，因为它遮掩了取代自身的越来越具体和现实的可能性，遮掩了一个合作型而非竞争型社会的可能性。我赞同这一观点。不过，我的赞同止步于此。呼吁我们抵制诱惑，并且不要忽视或否定公域式社会环境的苗头（所有多数派都只能从少数派中的少数派开始，最枝繁叶茂的橡树也始发于小小的橡子），这些固然是题中应有之义，然而，认为协作公域取代资本主义市场的理由如今已不言自明，并且认为当前转型的结果可以预先确定，则未必属实。两者不是一回事。这有点像新版的"技术决定论"。但是，斧头可以用来砍柴，也可以用来砍人头——虽然技术决定了人类的一系列选择，但它并不决定哪一种选择最终会被采纳，哪一种选择会被抑制。技术发展的道路不是一条单行道，更不是一条在建造之前就预先设计好的道路。虽然"人类能够做什么"的问题可以也应该由技术来解决，但"人类想要做什么"的问题最好交由政治学、社会学和心理学来解决——只有在事后，我们才能从它们那里得到值得信赖的最终答案。

**罗　德：**但里夫金所说的，正是我所提到的趋势，不是吗？这么说来，公域也面临着被企业巨头收购的危险吧？平克·弗洛伊德曾讲过"来根雪茄"[1]的故事，说的是一个几乎微不足道的职业轨迹：才华横溢的年轻音乐人在取得一定成功后，屈服于大唱片公司的诱惑，被主流音乐界

---

[1] 《来根雪茄》（"Have a cigar"）是平克·弗洛伊德 1975 年的专辑《希望你在身旁》（*Wish You Were Here*）的第三首歌曲。这首歌是对 A&R（Artist and Repertoire，艺人与曲目部）模式下量产的音乐人的讽刺，嘲讽这些人失去了热爱音乐的本心，变得虚假且贪婪。在音乐行业，A&R 是唱片公司下属的一个部门，负责发掘、训练歌手或艺人。它负责在唱片公司和歌手之间牵线搭桥，帮助唱片公司的歌手在商业市场上获得成功。

吸纳收编。我认为，这个说法也同样适用于初创企业或任何其他"自我管理组织，如慈善机构、宗教团体、艺术和文化团体、教育基金会、业余体育俱乐部、生产者和消费者合作社、信用社"，等等；如果它们有望获得成功，且可能威胁同领域巨头的地位，那么它们也可能被后者收编。问题恰恰在于，"人类想要做什么？"我相信，对许多人来说，如果他曾在一个奉行平等主义、创意驱动型的集体里工作过，他就不会被轻易吸纳进等级森严的高管大军中。更常见的情况是，这些人会继续创造新东西。就此而言，他们要感谢社会结构在当今世界的流动性，正是这种流动性为其提供了继续创新的可能。简而言之，尽管我希望协作公域在所有领域都能取得成功，但我并不认为它们有能力撼动资本主义根深蒂固的结构——即便如此，它们无疑能为许多人（主要是具有创新潜力的成功人士）提供组织经验，让自由精神优先于企业逻辑，而不太考虑屈从于后者可能带来的物质利益。

　　回到我们眼下面临的问题上。大卫·莱文

(David Levine) 在《资本主义精神的病理学：论贪婪、希望和失去》一书中，将自由个体的先决条件表述为："他将来可以过上一种尚未被确定的生活。"[8] 对莱文而言，这首先意味着，自由的人生不会被贪婪所决定；我们可以补充说，不被他在任何特定人生阶段必须拥有什么、成为什么和做什么的规定性轨迹所决定；或者不被成为另一个人——一个能更好地符合社会文化环境所强加的规范和理想的人——的欲念所决定。"尚未被确定的生活"，适合一个创作自身的自我，而不适合被生产出来的自我。我希望你同意我的观点，我所说的"创作"（composing），不是指某人将现成的元素排列组合成令人愉悦的作品，而是类似于作曲家的原创作品。音乐只能从人耳可感知的声音中产生。也就是说，在某种程度上，这些声音已经存在，一如语言中的文字或调色板上的颜色；但乐句或词组（phrases）既可以是旧的，也可以是新的。身在异国他乡的旅行者，多数情况下只需使用常用语手册中现成的短语和对话就能应付自如，一如我们每天都会在无数场景中上演的闲聊。这样做并没有错，因为这种语言可以保持沟通渠道的畅通，建立人与人之间的联结，为他们开辟共同话题。然而，错的是一切都被简化为这种语言，并被其束缚。我认为，同样的道理也适用于所有其他领域的活动：其中必有音乐。我所说的音乐，不是指钢琴新手对一首曲子的机械复制，而是指颇有造诣的音乐家共同完成的即兴演奏，整个过程不可预知但又十分和谐，总是宛如初次合作，每个人都是独立的个体，所有人则共同构成了一个特别的集体。在任何特定时刻，我们每个人的存在亦如此。

# 后记  一

齐格蒙特·鲍曼

通过电子邮件交流，我们探讨了本书的核心主题，即当今时代，自我的构成、再生产、保存、遗弃或丧失的条件具有根本的不稳定性。引入该主题的时候，我们谈到了"非平衡"系统或"耗散"系统这一更广泛的现象。伊利亚·普里高津在《探索复杂性》（1989 年）一书中对此现象进行了详细描述。他让我们想象一支垂直放置、在笔尖上保持平衡的铅笔：最轻微的侧向力都会导致铅笔掉落，而这个"系统"将永远无法自行恢复。铅笔的例子能让我们对"系统"有一个简单的了解，但若要对其进行全面的技术描述，则需要普里高津提供的专业术语；扰动（pertubation）和湍流（turbulence）概念可以说至关重要。如果把这两个术语移植到"自我构建""自我重建"，以及自我"耗散"的语义领域，它们能很好地解释我们所观察到的自我的脆弱性，以及在我们当今这个汹涌流动的现代环境中，保全自我的任务何等可畏。

在大部分的电子邮件往来中，我们探讨了"自我"本身及其"生产"的问题，专注于自我和自我生产方面的所有共性，只是偶尔谈及自我的多样性。但是，"自我"有多种形态和色彩，自我生产的环境、机制和程序亦多种多样——事实上，这正是执行自我生产这一任务的"创始者"得以承担和体认的前提。在我们的阐述中，若不试图恢复整体图景中统一性和多样性之间的适当平衡，那么我们对自我生产的复杂性的描述就会非常不完整，从而导致读者无法注意到自我生产的参差多样，并扭曲我们所意图传达的信息。人类自我的多样性主要是由各类人口可能受到的扰动量和动荡程度的差异而产生和维系的。从社会结构的一个部门到另一个部门，扰动量和动荡程度会大不相同。我们在对自我进行全面剖析和重建的过程中，忽视了自我及自我生产的多样性和复杂性。

接下来，我将对此做一简要考察。

我们最好从约瑟夫·斯蒂格利茨（Joseph Stiglitz）和戈兰·瑟伯恩（Göran Therborn）的观点谈起。目前，公众正在对社会不平等、其所产生的破坏性影响，以及根除或哪怕只是缓解这些问题的渺茫前景再次展开辩论。他们两人也积极参与其中，并做出开创性和奠基性的杰出贡献。斯蒂格利茨在《不平等的代价》中描绘的这幅图景，用一个简洁而又像全息图一样的语句恰当地表达了出来："我们有空荡荡的房子和无家可归的人。"[1]随着这幅错综复杂的画卷被一寸一寸地展开，我们逐渐看到了"大量未被满足的需求"与"大量未被充分利用的资源"——闲置的工人和闲置的机器，两者被长期系统性失灵的市场所抛弃。不平等愈演愈烈，公平和公平竞争意识深受其害。[2]不平等的受害者不仅是那些在经济、医疗保健、教育等方面遭受社会歧视的那些人：正如大量社会研究报告所指出的那样，不平等影响的是整个社会的生活质量。这些研究表明，大多数社会病症的数量和强度，与社会不平等的程度（以

基尼系数衡量）相关，而与人们的平均生活水平
（以人均收入衡量）无关。话虽如此，财富和收入
等级的下层，人满为患，这些人受到的打击无疑
最严重——可以说，社会不平等对他们的生活质
量造成了全方位的打击。正如瑟伯恩在《不平等
的杀戮场》中所说，"不平等总是意味着将某些人
排除在某些东西之外。贫穷意味着你没有足够的
资源（充分）参与大部分同胞的日常生活"。对穷
人而言，"人类发展的社会空间被分割并受到限
制"，越穷的人所受的限制越大。[3] 瑟伯恩认为，阿
马蒂亚·森早在 1992 年对平等所下的定义最为正
确：在一个公平的社会，"人人都有充分发挥作用
的能力"；也就是说，在特定社会的特定时期，每
个人都有行使这一权利的能力，这被认为是不可
剥夺的人权。然而，不公平的社会践踏了这一规
范。瑟伯恩赞同玛莎·努斯鲍姆于 2011 年提出的
观点：不平等所侵犯——具体而言是剥夺和限
制——的权利，除了生存和健康，还有"选择自
己人生道路的自由和知识（教育），以及获得追求
这一人生道路所需的资源"[4]。显然，在这些被侵

犯或被剥夺的权利中，我们还可以加上自我生产、自我肯定的权利，以及追求这些权利所不可或缺的资源。

实际上，越来越多的个体和群体正在加入人权受到严重侵蚀甚至完全剥夺的行列，而能够在市场震荡中安然无恙的个体越来越少。针对当前这两种互为关联的趋势，斯蒂格利茨用了一整章的篇幅进行案例研究，标题为《美国的百分之一问题》（"America's 1 Per Cent Problem"），这一表达很快被"华尔街占领者"采用，后者声称"我们就是那 99％的人"。斯蒂格利茨发现，信贷危机发生之后，"成功保住了国民收入中的巨大份额"的公民人数仅占美国人口的 1％。[5] 然而，这种收入集中在经济金字塔顶端的现象并不是近期经济灾难带来的新现象："时至 2007 年，也就是危机爆发的前一年，美国收入前 0.1％的家庭的平均收入就已经是后 90％的家庭的 220 倍了。与收入分配相比，财富分配不均更甚，最富有的 1％拥有全国三分之一以上的财富。2002—2007 年间，就在银行业崩溃之前，"上层的 1％群体攫取了国民总收入 65％ 以上的财富"，而"大多数美国人的境况则越来越糟"。[6] 公司"首席执行官"的平均薪酬是普通工人的 200 多倍。[7] 请注意，所有这些都是统计上的平均值，未能充分揭示人与人之间的极端差距，也未能揭示这一差距正在不断扩大的事实。

不平等的规模正在急剧增大，不平等的内容正在发生深刻变化，其所产生的诸多影响中，最突出亦最为重要者，体现为人类自主程度的巨大差异，以及个体进行自我定义和自我肯定的现实机会上的两极分化——的确，处于不同财富和收入等级的个体，其所获得的自我生产的机会和能力，可谓差距悬殊。

让我们明确一点：自我生产的理念是中产阶级的发明、战斗口号和日常实践。中产阶级的位置比较尴尬，它夹在上层阶级和下层阶级之间，前者无须做任何事情来维系他们与生俱来的地位，而后者则无法做任何事情来改善出身对他们的地位限制。中产阶级群体在过去不断发展壮大，现如今仍力求继续壮大。它是"精英统治论"所针对的唯一社会阶层。这一精英制度的默认假设是，社会回报忠实地反映了个人贡献的价值——中产阶级在其日常实践中已经验证了这一点。人们普遍认为，由于人类共存的民主模式已经得以巩固，"中产阶级"必将不断壮大，社会金字塔上下两个阶层的利益将因此受损；人们还认为，"精英统治论"将为几乎整个社会带来平等的机会，从而消除阶级分化，并为阶级冲突和对立提供有效的镇静剂（还记得工人阶级不断被"资产阶级化"的设想吗？那是 20 世纪 60 年代社会科学的核心常识）。然而，当今的中产阶级之所以引人注目，主要是因为他们的队伍正在迅速缩小，而且势不可挡，还因为他们对精英主义信条的许诺（现在已变得虚无缥缈）一贯抱有信任，对命运出现有利转机仍然抱有希冀。今天的中产阶级无奈且无助，眼睁睁地看着他们的自我创造和自我肯定的能力被削弱，最终跌落至社会最底层，陷于以前只属于最底层的固着命运。

2011 年，盖伊·斯坦丁创造了"朝不保夕者"一词，用以描述不久前还被归为"中产阶级"的那类人所面临的新困境、新出现的生活方式和心态。该词指向一种普遍存在的岌岌可危的状态：不稳定性、不规律性、反复无常性，总之是脆弱性。早在几十年前，这种境况被认为是"无产阶级"所特有的疾苦之源。林登·约翰逊[1]在发起他的"伟大社会"计划时，曾发表过一个著名观点：一个人被抛入这种境况，就不会也不可能获得自由。现如今，大量的中产阶级被迫品尝不自由的苦涩滋味。这里，"不自由"首先意味着被剥夺了自我创造、选择、塑造和控制自己生活方式的能力。我们现在都是"中产阶级"，或者说，我们中的大多数人都是"中产阶级"——但不是修道院院长西耶斯（Abbé Sieyès）心目中的那种中产阶级；差不多两个半世纪以前，他曾自豪地宣布"第三等级"（third estate）必定"成为一切"，呼吁贫民阶层成功实现这一阶级跃升的目标，并认为他们有能力成为最重要的社会阶层。

---

[1] 林登·约翰逊（Lyndon Johnson, 1908—1973），美国第 36
任总统，提出了与"新政""公平施政""新边疆"一脉相承
的"伟大社会"施政纲领。伟大社会（Great Society）又译
为"大社会"，主要目标是经济繁荣和消除族群不平等。

"穷人和中等收入家庭的孩子接受良好教育的前景远比富人的孩子黯淡";"父母的收入变得越来越重要,因为大学学费的增长速度远高于收入的增长速度";"当处于中间和底层的人为生计而挣扎时……家庭不得不做出妥协,其中包括减少对孩子的投资"。[8]换言之,中低收入家庭的后代被要求继续像以前一样自我生产,却没有了生产所需的工具,这就好比古埃及的希伯来奴隶,他们没有了法老的代理人提供的稻草,却依然被要求生产和以前一样多的砖块。

有鉴于此,告别精英统治的梦想吧。当你所进入的世界,是斯蒂格利茨所说的"没有以最富有成效的方式利用我们的人民(我们最宝贵的资产之一)"的世界,那么放弃一切希望吧。[9]换言之,当进入世界的大部分人都被计入"负债"而非"资产"时,放弃一切希望吧。当多达一半的人被迫接受远低于其抱负、才华和技能的工作(如果他们有幸找到的话),而且几乎没有任何保障,更没有自我肯定的机会,那么放弃一切希望吧。当人们看到周围的长辈中,有越来越多的人

在五十多岁的时候，发现自己来之不易的身份被
否定，来之不易的社会地位被剥夺，自己沦为冗余
的人和社会负担，那么放弃一切希望吧。我们还记
得，但丁选择将"入此门者了断希望"（lasciate
ogni speranza，voi ch'entrate）这句铭文作为标语，
镌刻在地狱之门上。

我们可以从最近欧洲议会选举的结果中，了
解这一深刻变化的可能结果。人们认为，与国家
议会选举不同，欧洲议会选举对选举人在可预见
的未来进行生活斗争的条件几乎没有任何实际影
响，对遥远的未来更不会有影响。相反，选举为
选民提供了一个安全阀：让他们有机会释放易于
爆炸的过剩蒸汽，发泄令人血脉偾张的不满情绪，
暂时摆脱可能有毒的情绪——而所有这一切都面
向一个无害和无关紧要，因而相对安全的方向。
上届欧洲议会选举最突出的特征是，前所未有的
众多选民充分利用了这一机会，他们来到投票站，
只是为了高喊"悲哀！""天哪！"——以及"救
命！"这些恳求明显失去了当前既定政治术语所定
义的特定对象。正如蒂莫西·加顿·阿什

(Timothy Garton Ash) 在最近一期《卫报》上总结的那样：

> 那么，欧洲人在向其领袖传达什么讯息呢？漫画家帕特里克·恰帕特（Patrick Chappatte）完美地概括了这一讯息，他画了一群抗议者，他们高举标语牌，大喊"不满"，其中一人用扩音器对着投票箱大喊"不满"。有28个成员国和28种不同的"不满"。一些成功的抗议政党确实属于极右翼，例如匈牙利的尤比克党（Jobbik）获得了三个席位和超过14%的选票。而大多数政党，如英国获胜的独立党（UKIP），则从左右两翼吸引选民，以"请把我们的国家还给我们"和"外国人太多，工作太少"等口号煽动情绪。但在希腊，大量的反对票投给了反紧缩的激进左翼联盟（Syriza）。[10]

看得出来，我们从欧洲议会选举事件中汲取的教训，有助于我们加深对本书谈话主题的理解。人们的不满情绪似乎的确是促使欧洲公民投票的因

素（注意，欧盟历史上首次出现了投票人数不降
反升的情况），尽管在每个国家，公民不满的罪魁
祸首各不相同。可想而知，前来公开表达不满和
发泄愤怒的人中，很少有人相信候选人名单上的
任何一个人有能力减轻他们的苦难，也很少有人
相信任何一个相互竞争的公共卫生方案可以奏效。
在国家选举中，选民必须小心翼翼地将那些他们
认为在可预见的未来会将其引入更糟糕困境的候
选人拒之门外，而欧洲议会选举则不同。在大多
数选民看来，欧洲议会是一个毫无希望的无能机
构，它提供了一个安全无虞地表达集体挫败感的
机会。促使大量选民采取行动的驱力，是一种弥
漫在周围的"挫败疲劳"，一种"来自高层"的救
赎希望的破灭——彼得·德鲁克早在几十年前就
对指望高层的救赎发出过警告。

　　对当前事态发展方向的抗议，是这些选举发
出的最强烈的信息。抗议并非针对现有政治光谱
中的任何特定部分，而是针对目前的政治形态，
因为它被精英篡夺了，或者说人们普遍认为它被
精英篡夺了。对于占据并消耗着"普通人"的大

部分精力的那些问题，政治精英们越来越冷漠和疏远。在许多人看来，整个政治体系已近破产，再也无法保证制造砖块所需的稻草的正常供应。

尼尔·劳森是"指南针"[1]的负责人，也是英国政治舞台上最具洞察力和创造力的人物之一，他将欧洲大选的结果看作对维护公民权利的强烈呼吁，它召唤一个"由公民领导的日常民主政治，而不仅仅是每五年一次的投票"。他认为，"选举结果"

> 为新政治提供了压倒性的理由。既不能否认未来，也不能回避未来。世界正在发生变化——要么，我们让世界臣服于我们，从而建造一个美好社会；要么，我们被迫顺应这个世界。何去何从，将取决于我们的变革能力，也取决于我们的政治素养——我们的机智、智慧、洞察力、善意和毅力。不能说我们没被警告过，现在更是如此。

---

[1] 该组织在其官网（www.compassonline.org.uk）上的自我介绍："建设一个美好社会，一个比我们现在所生活的社会更加平等、可持续和民主的社会。"——作者注

对此，他于 2014 年还补充了一句鼓舞人心的话：
"在旧政治土崩瓦解的同时，新的生存方式和行为
方式正在渐次开启，给我们带来了希望。"

　　如果说原本截然不同的各类欧洲人所表现出
的不满有什么共同点的话，这一共性在于，政治
本该是由公民亲手设计并服务于公民的，但现如
今，欧洲实际上剥夺了公民的政治权利——至少
在我看来是这样。正如亚伯拉罕·林肯很久以前
提出并坚信的那样，没有人能够在未经他人同意
的情况下管理他人。自我生产、自我组成和自我
肯定不仅是众多不可剥夺的人权中的一部分，也
是劳森心目中"由公民主导的日常民主"的基石。

　　毛罗·马加蒂和基娅拉·贾卡尔迪是米兰圣
心天主教大学的两位教授，他们于 2014 年联合发
表了一份基础性研究报告，题目颇有挑衅性，名
为《全世界的创生者联合起来！》（Generativi di
tutto il mondo unitevi!）副标题将其作品定义为
"自由社会的宣言"。用我自己提出的术语来表达，
两位作者关注的焦点是"工作的再主体化"的机
会和前景，或恢复劳工的主体地位（或"创始

者"——集作者和行动者于一身——的地位），他们在现代历史进程中被剥夺了这一地位。马加蒂和贾卡尔迪为了指称行动者（actor）和作者（author）这两种角色的重新统一，创造了"创生性"（generativo）这个新概念。按照这一概念的语义要点，用英语表达中的"有创造性的个体"（creative individual）来与此对应，也许最为贴切。

马加蒂和贾卡尔迪既不建议让历史倒流，也不要求放弃现代的个体化，因为现代的个体化在给自我带来新威胁的同时，也为个体对人类生活世界贡献物质财富和精神财富开辟了新的前景。他们写道："创生性地行动，意味着确定价值并使之具体化。这种价值恰恰使我们共享的世界变得丰富，而不是像猎人的私有化乌托邦那样使其变得贫瘠。""创生性"的逻辑与消费主义的逻辑截然相反。它不以"纳入己身"（即占用物品，同时使其退出流通，不让人们共同使用和享有）的意志为指引，而是以"排出己身"的意图和实践为指引：创生性是一种生活方式，其目的是帮助他人生存、照料他人的生活、丰富他人的生活资源。

个体自我肯定的自由，若与创生性的人格相结合，就能够成倍地增加人类世界的物质和精神财富，同时也能够增加人类生存和共存的意义和道德品质。如果我们能够成功地用这种结合来取代当今以竞争而非合作为基础的自我创造和自我肯定模式，就有可能防止人类走到零和游戏的地步。将个体的自我定义的自由与"超越自我"的实践相结合，能保证人类潜能的日益丰富和多样化，也能保证我们每个人的自我定义和自我构建的空间得以扩大。先天命运与后天努力（源于创生性并受其支持）的团结，不会与个体自我肯定这一目标相悖；恰恰相反，这种团结将成为自我肯定最好——最忠诚可靠——的盟友。事实上，它是其成功的必要条件和最佳保障。

团结永远是有生命力的，尽管它常常被现代社会环境压制到近乎隐形；有意或无意地，现代社会环境就是要让人们失去团结的技艺。团结是一种潜能，它像基因一样镌刻在我们人类物种的社会性之中。理查德·桑内特曾经沿着阿马蒂亚·森和玛莎·努斯鲍姆的思路，指出"人类能够做的事情远远超出学校、工作场所、民间组织和政治制度所允许的范围……人们的合作能力远比机构所允许的更强大、更复杂"[11]。我完全赞同这一观点。

# 后记 二

瑞恩 · 罗德

现在，我们的讨论接近尾声，我觉得有必要回到本书的起点，哪怕只是为了弄清楚我对这些问题的看法如何随着讨论的深入而发生变化。毫无疑问，我的观点的确发生了变化。限于篇幅，我无法重述我们讨论过的所有话题，我只想重温几个对我来说特别重要的话题。

围绕自我展开的问题，对我来说，一直具有特殊的重要性，原因有二。一方面，我来自一种强烈的个人主义文化，而在我的青年时代，享有这种文化的权利受到了粗暴压制。这可能就是我一直认为个人自由是任何集体自由的必要前提的原因。任何否认个人自由的集体自由思想，实际上都名不符实。反过来，个人自由又意味着当事人对自己可以选择的特定生活范围拥有最大程度的控制权。当然，"最大"并不意味着"无限"，但在对此知情的前提下，我认为这一原则本身就是每个人普遍享有的基本权利，尽管它很少以令人满意的方式实现。因此，如何确定自己对生活的掌控程度，是解决自我身份问题的一个很好的方法。

另一方面，我对文化史和比较哲学的研究表明，我们的内心并不存在一种普遍的、"固有"的自我定义结构。当然，我们生来都有成为这样或那样的人的倾向，但我们遗传基因所设定的初始潜能，总是在社会文化背景下才得以实现并转化。这些结构性原则，或曰自我形成的方式，并不为所有文化和历史背景所共享，它们会随着时间的推移而改变。当然，它们在当下如何变化是我们关注的核心问题之一。

但是，我们若仔细观察，就会发现这两种立场之间存在着某种紧张关系，甚至是彻头彻尾的矛盾。如果我们每个人没有与生俱来的、由生物决定的、统一的自我生成机制，那么我们何以谈论个人自由的普遍原则呢？究竟谁能最大限度地控制自己的人生选择呢？对这些问题的回答——
以及由此产生的结果——是大相径庭的，这取决
于我们是在谈论笛卡尔式不可分割的、自我同一
的、以"我思"为基础的主体，还是在谈论佛教
的"无我"（no-self），即在不稳定的、不断变化的
联盟中产生意识的元素之间的暂时关系。然而，
我认为，我们已经找到了一个共同点，可以同时
讨论这些极端的观点，以及许多不同的立场，即
自我是一个持续的过程，是一种生活实践，是我
们所为之事，而非我们存在本身。

　　从这个角度看，自我如何形成的问题又多了
一层含义。这一形成过程必然是开放的，它不会
完全按照自己的方式自行发生。在这个意义上说，
我们不应局限于在人的生物体范围内寻找自我，
而应该像安迪·克拉克（Andy Clark）所建议的那
样[1]，把人体的周身环境中可以被其利用的东
西——好比人体的"外围设备"——也包括在内。
我的一部分记忆是我储存在大脑中的东西，但另
一部分记忆被我写入笔记本和文件中，或被我写
在读过的书的页边空白处，当然还被延伸至我的

照片或由我拍摄并存储在我相册里的照片上——正如我的眼镜和假牙是我与物质世界互动过程中的一部分一样。我想更进一步：在人生轨迹上的某些场所，人们会突然想起某些往事，譬如在城市街道的某个交叉路口，或在森林中的某一棵树附近，人们会想起曾经在那里发生的激烈争吵，或想起某个难题的解决方案在那里初具雏形——这是人们的共同体验。在这个意义上，我们甚至可以说，自我的形成过程在一定程度上分布在物理环境中。而我们的自我作为一个生活过程，也在与重要他者的互动中被不断重塑：当我们的言行不完全符合我们当时意识中的欲望和厌恶时，我们可以说，我们的冲动和行为之间存在着内在的紧张关系；但必须注意的是，这种紧张关系是内在的，它是自我进程的一部分，而不是内在之物与被驯服的外在表象之间的对立。无论如何，自我的边界要比西方哲学所公认的要模糊得多。

在当今时代，这一点已被我们的社会和文化实践不断证实。这也是为什么，本书的很大篇幅也在关注技术问题，探究它对人类状况的影响和作用。我们不能把技术看作一个单独存在的现象，它已经在我们的自我领域确立了地位。但与任何传统的"外围设备"相比，当代信息技术更能影响我们与社会秩序及其背后力量的关系。我清楚地记得，就在几十年前，互联网还被誉为传播民主，以及帮助人们从不尽如人意的环境中解放出来的终极工具，而在很大程度上，它也确实为这些进程做出了贡献。社交网络作为不受控制的信息传播渠道，在最近的革命和权力斗争中发挥了重要作用，而且大多站在被压迫者的一边。极权主义和传统主义政权在"防火长城"上投入了大量资金，但幸运的是，这些"防火长城"仍然可以被穿透，完全的无线电静默已无法维持。在西方，发表独立见解的成本高、风险大，但是网络将这一成本和风险大大降低。人们身处的社会文化环境，出于各种各样的原因，可能会对他们产生敌意，但现在他们可以相互连接、交流互动。因此，没有人再畏惧存在的孤独了。

所有这些都已发生，而且还不止于此。就像历史上的任何技术一样，信息技术将为用户的目标服务，但用户的目标从来都不是明确的。技术越强大，就越能被用来控制和支配。从这个角度回顾我们的讨论，我发现，我们两人在两种立场之间交替，也就是说，我们都犯了布鲁诺·拉图尔指控现代思想所犯的错：同时诉诸两种互不相容的观点，并在特定时刻选择于己更有利的那一个。[2]在讨论我们不喜欢的当代社会现象时，我们中的一个人把责任归咎于技术或制度，而另一个人则反驳说，这不是工具或制度的错，而是那些为了自己的私利而使用它的人的错。然而，在几页纸之后，我们都会从另一个角度提出与对方类似的论点。

我认为这是一个需要澄清的问题，尤其是因为它直接关系到自我身份的核心问题：我们每个人对自我形成的过程有多大的控制权，以及我们每个人对这一过程的结果，特别是我们的行为对他人生活的影响负有多大的责任？如果一出问题，我们就将责任归咎于环境，那么我们又怎能为自己的成就邀功呢？我们是按照自己的想法去思考，还是按照条件反射的方式去思考？最后，我把如下问题称为激进哲学的基本问题：如果其他人未曾受到那些影响他们的特定因素的影响，怎么可能相信他们会做出不同的（从我们的角度来看更正确的）人生选择？我们如何判断我们的生活理念比他们的好呢？

我想，没有人能够彻底解决这些问题。我只能从一个特定的角度来谈谈我的看法。首先，让我们考虑一下文化熏陶的过程。很明显，我们所知道的大多数东西都不是自己发明的，而是学来的；拥有别人创造的想法本身并不一定是坏事。我们的父母和老师怀着爱和美好的愿望传授给我们的很多东西，但有些后来被证明是无效的，甚至是对我们有害的，至少从我们自己的角度来看是这样。这再自然不过了，它说明世界是鲜活的、不断变化的。我们年轻时学到的东西很可能会失去我所说的"认知充分性"，或者说失去为我们的生活世界提供令人满意（尽管不一定正确）的答案的能力。除此之外，所有文化都无一例外地包含可以用来制造伤害，以及为伤害行为辩护的价值观，而这一点并不总是被人们忽视，特别是当损害的是他们自己的利益时。我们可能没有天生的"废话过滤器"（bullshit filters）来帮助我们区分有用信息和无用信息，但我们的生活世界和人们对它的看法之间不可避免的矛盾冲突，迫使我们迟早要研制出这种过滤器。因此，我们在成长过程中获取的知识对我们来说显得不足，这有时候是正常的。然而，其中有一部分知识是恶意的，那些想要引诱我们或向我们灌输知识的人肯定是想绕过我们试图建立起来的自我保护屏障，让我们相信他们向我们灌输的是我们自己的思想，或者充其量是客观现实的反映，而不是他们为了一己私利而植入我们内心的想法。鉴于他们的锲而不舍，我认为他们必然会取得某种程度的成功。例如在许多国家，公开维护富人利益的政党似乎从穷人那里获得了相当多的选票——这首先是因为穷人已经内化了社会贫富分化不可避免的观点，其次是因为他们自己也想成为富人，于是他们开始在政治上表现得像他们想要归属的群体中的一员。

但是，换个说法重述我们最初的问题："他

们"是谁？我认为，我们可以从机构和组织的发展路径中寻找答案。比方说，一家新公司可以从初创企业做起，因为后者往往具有浓厚的民主氛围，这样的组织文化有利于创新理念与实践的发展。在《创新管理》（1994 年）一书中，伯恩斯（Tom Burns）和斯托克（G. M. Stalker）为这种组织文化起了一个经典名称——"有机"系统。在这样的有机系统里，每个人都没有严格界定的职责，没有人会因为某项任务不在自己的职责范围内而拒绝接受；每个人都无权把自认为没有意义的任务交给他人。然而，到了某一时刻，这种组织往往会发展得过于庞大，以至于再也无法以这种方式进行管理。于是，再次借用两位作者的术语，一套"机械化"的系统将会取代略显混乱的自我监管；与职责不清的旧系统不同，这套新系统是由严格界定职责的例行程序组成。这种更换系统的情况，通常发生在企业人数过多，每个人都无法相互了解的时候——换句话说，就是达到一定的人际疏离度的时候。这种时刻的到来是合乎逻辑的，它内嵌于人的成长矩阵——毕竟，对我们来说，我们与共同生活和工作的人缔结的人际关系，和我们与那些仅因转瞬即逝的制度关系而联系在一起的人所建立的人际关系，是很不一样的，这再正常不过。然而，在我看来，这也是"组织利益"诞生的时刻，其有别于成员利益的总和。机构不再是人与人之间联系的产物，而是连接人与人的中介，它有自己的生命逻辑和机构目标。这些目标既扩大了成员的利益，同时也抑制了成员的利益——尽管最终的盈亏对高层和底层而言明显不同。随着时间的推移，机构——无论是公司，还是国家——的利益往往会围绕着一个明确的核心，后来的领导者很难完全改变方向，任何已经走到领导位置的人，很容易坐享其成。组织与技术并无二致，它们经过调整后，都可以为个人所用，也需要来自个人的调整——不仅是组织的成员，几乎所有与组织有接触的人都可以对其进行调整。很显然，就像任何生物体一样，组织也希望生存与发展，因此需要关注物质利益。一旦这些开始决定你的行动方针，你就没有回头路可走了。

在上文，我按照法兰克福学派的传统，将
"体制"定义为商业、职业政治、信息娱乐的非协
同混合体，其价值观以大众口味为基础，或者说
以金钱和它所包含的潜在消费乐趣为基础。按照
福柯的说法，"体制"并不存在于任何地方，而是
表现为人们对特定社会位置所期望的"自然"行
为，以及作为衡量事物价值的普遍方法的效率和
经济绩效话语。从目前的角度来看，"体制"是下
一步，是组织的组织，因此是双重异化的产物。
不平等是其必要条件之一，这不仅是因为它需要
将物质资源集中到少数人手中，还因为它需要将
贫穷作为一种心理状态，它需要穷人渴望致富、
迎娶公主并获得半个王国。这里，我们切忌将
"体制"与公共领域混为一谈。与体制相反，公共
领域正在寻找人类互动赖以开展的最大公约数，
即一个所有人都不必以牺牲他人为代价而保持自
我的空间。

显然，这里所定义的"体制"，极有兴趣参与
自我生产，并拥有实现这一目标的大量资源。然
而，我还是倾向于认为，技术一直只是这些资源

中的一种，它本身并不危险。古往今来，因火而酿成的生命和财产损失不计其数，然而，对火的驯服是人类进化至今的必要条件。任何强大的技术都需要小心使用。毫无疑问，这样的小心谨慎，应该是我们社会文化能力的一部分，发展这种能力是一项公共责任。不过，当我们谈论"体制利益"的时候，我们所谈的仍旧是"人的利益"，因为前者衍生于后者，尽管体制对人造成异化（异化原本就是人类自卫武器库的一部分，是人类独处需求的副产品）。至少在假想的技术奇点出现之前，人造工具本身并不具备这种独立的利益。然而，如果这些工具被用来对你造成伤害，其危险性并不会因此而降低。如果这些工具被用来为你创造伤害自己的环境呢？这就是问题变得棘手的地方。自由主义之父路德维希·冯·米塞斯在1927 年提出了一个著名的观点：包括可卡因和吗啡在内的所有易成瘾毒品，尽管其性质有害，但还是应该在市场上出售，因为无论是国家，还是大多数公民，它们原则上无权对个人可以或应该消费的东西施加任何限制。[3] 现如今，即使在现实政治中最坚定的自由主义者，想必也不会主张这样的观点。尽管如此，就目前的问题而言，我还是会站在自由派一边，因为公众意识肯定是一种更有效的工具，可以帮助那些需要引导的人避开连他们自己也想避开的危险。但是，我们不能把自己偏好的世界强加给那些自愿移民到网络星球诺拉斯的游戏玩家，因为他们认为那才是眼下可供选择的最佳生活。可悲的是，许多人可选择的生活范围非常狭窄，这是一个完全不同的问题，而且确实是一个非常严重的问题。

那么，关于本书的初始问题，我们该如何作答？生而为人，从来都不是一件容易的事，也不应该容易。每个时代的人，都会遭遇那个时代特有的挑战。总体而言，我们当下所处的时代拥有发挥人类创造力潜能的工具，也拥有前所未有的社会流动性，因此比大多数时代都要好得多；在其他时空，人们甚至连这样的讨论都不会有。我还想说，正是我们当今世界所面临的种种挑战，使我们能够比以往任何时候都更精准地提出关于自我的基本问题。毋庸置疑，这些问题永远没有恒定的最终答案，而且本应如此。

最后，我们不妨以两个来自世界另一端的智慧瞬间作为结束语。首先是中国唐代禅宗大师瑞岩的故事，出自《无门关》。据说，瑞岩师彦禅师，每日自唤："主人公！"复自应："诺！"乃云："惺惺着！" "诺！" "他时异日，莫受人瞒！""诺！诺！"[1]

另一个智慧时刻，来自中世纪的无名拉丁诗人的话。九个世纪前，他/她如此美妙地捕捉到了我们今天许多人都非常熟悉的一种感觉：

> 智者应当
> 把根基建于磐石之上。
> 而我是愚人，自比为流淌的河水。
> 在亘古不变的天空下，变动不居。

> Cum sit enim proprium
> viro sapienti

---

[1] 这是唐代禅师瑞岩在隐修时的自问自答，所讲的道理是：一个人要有主体性，成为自己的主人公，就必须随时保持清醒，提高警惕，不为外界所迷惑。

supra petram ponere

sedem fundamenti

stultus ego comparor

fluvio labenti

sub eodem aere

nunquam permanenti.

# 注 释

## 序 言

1  Ilya Prigogine, *Is Future Given?* ( New Jersey and London: World Scientific, 2003), 64.

2  Ilya Prigogine, *The End of Certainty: Time, Chaos, and the New Laws of Nature* (New York: The Free Press, 1997), 4.

3  同上, 6。

4  同上, 7。

5  Ilya Prigogine, *Is Future Given?*, 39.

6  Ilya Prigogine, *The End of Certainty: Time, Chaos, and the New Laws of Nature*, 11.

7  同上, 186。

8  Jorge Luis Borges, *Selected Non-Fictions* (New York and London: Viking, 1999), 332.

出　发

1　Blaise Pascal, *Pensées* (Penguin Books, 1966), translated by A. J. Krailsheimer, 48.

2　Simone Weil, *Gravity and Grace* (London: Routledge and Kegan Paul, 1963), 55.

3　Nick Collins, 'Hawking: "In the Future Brains Could Be Separated from the Body"', *Telegraph*, 20 September 2013.

4　参见 Edmund Leach, 'Anthropological Aspects of Language: Animal Categories and Verbal Abuse', In *New Directions in the Study of Language* (University of Chicago Press, 1964), edited by Eric H. Lenneberg; Edmund Leach, *Rethinking Anthropology* (London: Athlone Press, 1966)。

5　Zygmunt Bauman, *Modernity and Ambivalence* (Cambridge: Polity, 1991), 1 - 3.

语言中的多重自我

1　Yuri M. Lotman, *Izbrannye Stat'i* (Tallinn: Aleksandra, 1992), Vol. I, 99.

2　René Descartes, *The Philosophical Writings of Descartes*, Vol. III, *The Correspondence* (Cambridge University Press, 1991), translated and edited by John

Cottingham, Robert Stoothoff, Dugald Murdoch and Anthony Kenny, 13.

3　Margaret Wertheim, 'Physics's Pangolin', *Aeon Magazine*, June 2013.

4　Paul Kay and Willet Kempton, 'What Is the Sapir – Whorf Hypothesis?', *American Anthropologist* *86*：65 – 79（1984）.

5　Hans-Georg Gadamer, *Truth and Method*（London and New York：Continuum, 2004）, 305.

6　Charles M. Blow, 'Accommodating Divisiveness', *New York Times*, 22 February 2014.

7　Roland Barthes, *The Fashion System*（Berkeley：University of California Press, 1990）.

8　Richard Sennett, *The Foreigner: Two Essays on Exile*（London：Notting Hill Editions, 2011）, 61.

9　Fernando Pessoa, *The Book of Disquiet*（London：Serpent's Tail, 1991）, edited by Maria José de Lancastre, 14.

10　同上, 11。

11　同上, 8。

12　同上, 9。

13　同上, 19。

## 表演自我

1　Zygmunt Bauman, *Postmodern Ethics*（Oxford：

Wiley-Blackwell，2000），110 - 44.

2　Georg Simmel，*The Sociology of Georg Simmel*（New York：Free Press，1950），143 - 53.

3　George Herbert Mead，*Mind，Self & Society*（University of Chicago Press，1972），18th edn.

4　更多讨论，参见 Zygmunt Bauman，*Postmodern Ethics*，145 - 85。

5　Friedrich Schleiermacher，*Hermeneutics and Criticism*（Cambridge University Press，1998），13.

6　Georg Simmel，*The Sociology of Georg Simmel*，30.

7　David Foster Wallace，*A Supposedly Fun Thing I'll Never Do Again: Essays and Arguments*（London：Abacus，1998），26.

8　Jean-Claude Kaufmann，*Love Online*（Cambridge：Polity，2012），7.

9　Jacques Derrida，*Of Grammatology*（Baltimore and London：Johns Hopkins University Press，1997），8 - 9.

10　Blaise Pascal，*Pensées*（New York：Courier Dover Publications，2003），68.

11　Slavoj Žižek，*The Sublime Object of Ideology*（London：Verso，1989），39.

12　Joseph Brodsky，*On Grief and Reason*（New York：Farrar，Straus & Giroux，1995），107 - 8.

13　Peter Stromberg，'Elvis Alive? The Ideology of American Consumerism '，*Journal of Popular Culture* 24（3）：17（1990）.

14   同上，18。

15   George Carlin, *Napalm & Silly Putty* （New York：Hyperion，2001），53.

16   Pierre Bourdieu, *The Field of Cultural Production: Essays on Art and Literature* （Cambridge：Polity，1993），76 - 7.

17   Zygmunt Bauman, *Liquid Life* （Cambridge：Polity，2005），49 - 50.

## 自我实现

1   Marilyn Strathern, 'Foreword：The Mirror of Technology', In *Consuming Technologies: Media and Information in Domestic Spaces* （London and New York：Routledge，1992），edited by Roger Silverstone and Eric Hirsch，ix.

2   Daniel Cohen, *Nos temps modernes* （Paris：Éditions Flammarion，1999），91.

3   Luc Boltanski and Eve Chiapello, *The New Spirit of Capitalism* （London：Verso，2007），89.

4   Charles M. Blow, 'Minimum Wage，Maximum Outrage', *New York Times*，16 April 2014.

5   Frans Van Vught, 'The EU Innovation Agenda：Challenges for European Higher Education and Research', *Higher Education Management and Policy*，21

(2)：25 （2009）。

6　同上，23。

7　J. M. Coetzee，*Diary of a Bad Year*（London：Vintage，2008），79.

8　同上，81。

9　同上，109。

10　Steven Lukes，*Power: A Radical View*（Basingstoke，New York：Palgrave Macmillan，2005），2nd edn，23 - 5.

11　Herbert Marcuse，*One-Dimensional Man: Studies in the Ideology of Advanced Industrial Society*（Boston：Beacon Press，1991），107 - 14.

12　Voltaire，*Candide and Other Stories*（Oxford and New York：Oxford University Press，2006），165 - 7.

13　同上，167 - 8。

14　Erik Brynjolfsson and Andrew McAfee，*The Second Machine Age: Work，Progress，and Prosperity in a Time of Brilliant Technologies*（New York：W. W. Norton & Co，2014），10 - 1.

# 相连的自我

1　Émile Durkheim，*The Elementary Forms of Re-*

*ligious Life* (New York and London: Free Press, 1995), 420 – 1.

2　同上，427。

3　Jonathan Franzen, 'Technology Provides an Alternative to Love', *The New York Times*, 28 May 2011.

4　Simone Weil, *Oppression and Liberty* (London: Routledge, 2001), 85 – 6.

5　Le Monde, 'Alain Finkielkraut s'emporte contre la «malédiction d'Internet»', *Le Monde*, 10 April 2014.

6　Edward Castronova, *Synthetic Worlds: The Business and Culture of Online Games* (University of Chicago Press, 2005), 19.

7　同上，59。

8　Richard Orange, 'Norway Killer Breivik: A Product of the Internet?', *GlobalPost*, 19 April 2012.

9　Simone Weil, *Oppression and Liberty*, 85.

10　Serena Gordon, 'Beware the "Blackberry Thumb"', *The Washington Post*, 15 June 2008.

11　Michel Foucault, *Power / Knowledge: Selected Interviews and Other Writings 1972 – 1977* (New York: Pantheon Books, 1980), edited by Colin Gordon, 119.

12　Thomas Piketty, *Capital in the Twenty-First Century* (Cambridge, Mass.: Belknap Press, 2014), 1.

13　同上，26。

14　同上，24。

15　同上，20。

# 自我的构成

1   Ernst Bloch, *The Principle of Hope* (Cambridge, Mass.: MIT Press, 1995), 4.

2   Sigmund Freud, *Civilization, Society and Religion* (Harmondsworth: Penguin, 1991), edited by Albert Dickson, 264 – 5.

3   Christopher Helman, 'The World's Happiest (And Saddest) Countries, 2013', *Forbes* (October).

4   Jeremy Rifkin, *The Zero Marginal Cost Society* (New York: Palgrave Macmillan, 2014), 16.

5   同上, 18。

6   同上, 43。

7   同上, 23。

8   David P. Levine, *Pathology of the Capitalist Spirit: An Essay on Greed, Hope, and Loss* (New York: Palgrave Macmillan, 2013), 92.

# 后记 一

1   Joseph E. Stiglitz, *The Price of Inequality* (New York: W. W. Norton & Co., 2013), xli.

2   同上, xlvii。

3   Göran Therborn, *The Killing Fields of Inequality* (Cambridge: Polity, 2013), 21 – 2.

4    Martha Nussbaum, *Creating Capabilities: The Human Development Approach* (Cambridge, Mass.: Belknap Press, 2011), 41.

5    Joseph E. Stiglitz, *The Price of Inequality*, 2.

6    同上，2-3。

7    同上，26。

8    同上，118-9。

9    同上，117。

10    Timothy Garton Ash, 'Europe: The Continent for Every Type of Unhappy', *The Guardian*, 26 May 2014.

11    Richard Sennett, *Together: The Rituals, Pleasures and Politics of Co-Operation* (London: Penguin, 2013), 19.

# 后记 二

1    Andy Clark, *Being There: Putting Brain, Body, and World Together Again* (Cambridge, Mass.: MIT Press, 1997), 213-4.

2    Bruno Latour, *We Have Never Been Modern* (Cambridge, Mass.: Harvard University Press, 1993), 35-7.

3    Ludwig Von Mises, *Liberalism: The Classical Tradition* (Indianapolis: Liberty Fund, 2005), 31.